W9-DAZ-829

ÁPEIRON

Anaximandro, el gran filósofo griego, creía que el origen de todo era el ápeiron, término con el cual se define la materia indeterminada e infinita: se dice que **"todo sale y todo vuelve al ápeiron según un ciclo necesario"**.

Nuestra interpretación gráfica del ápeiron, creado a partir del símbolo del infinito, representa al ser y los cuatro elementos (aire, agua, tierra y fuego) como unidad del mismo.

En el sello editorial Ápeiron los lectores podrán encontrar obras sobre bienestar, salud, crecimiento personal y búsqueda del equilibrio entre mente y cuerpo.

Feng Shui

El arte de vitalizar los espacios

Zaremba, Nicole
Feng Shui : el arte de revitalizar los espacios / Nicole Zaremba, Klaus Holitzka ; traducción Myriam Prieto. -- Bogotá : Panamericana Editorial, 2017.
168 páginas : ilustraciones ; 23 cm.
ISBN 978-958-30-3960-7
1. Feng Shui 2. Terapia de mente y cuerpo 3. Energía mental 4. Cuerpo humano y espíritu I. Holitzka, Klaus, autor
II. Prieto, Myriam, traductora III. Tít.
133.3337 cd 21 ed.
A1565791

CEP-Banco de la República-Biblioteca Luis Ángel Arango

Primera edición en Panamericana Editorial Ltda.,
Mayo de 2017

Título original: *Feng Shui. Energiebilder und die Kunst Räume zu beleben*

Calle 12 No. 34-30, tels.: (57 1) 3649000
Fax: (57 1) 2373805
www.panamericanaeditorial.com
Tienda virtual: www.panamericana.com.co
Bogotá D. C., Colombia

Editor
Panamericana Editorial Ltda.

Traducción
Myriam Prieto

Diseño y diagramación
Alexandra Romero Cortina

Ilustraciones
Klaus Holitzka

Fotografía carátula
© Nella/Shutterstock
© Billion Photos/ Shutterstock

ISBN: 978-958-30-3960-7

Impreso por Panamericana Formas e Impresos S.A.
Calle 65 No. 95-28, tel.: (57 1) 4302110, fax: (57 1)2763008
Bogotá D. C., Colombia
Quien solo actúa como impresor
Impreso en Colombia - *Printed in Colombia*

Nicole Zaremba • Klaus Holitzka

Feng Shui

El arte de vitalizar los espacios

Traducción del alemán
Myriam Prieto

ÁPEIRON
Colombia • México • Perú

Contenido

Algunas palabras sobre este libro

Este libro se ha escrito conscientemente dentro de la mayor simplicidad y se limita a los lineamientos del Feng Shui que son válidos para las personas tanto en Oriente como en Occidente. La energía Chi fluye a través de todos nosotros; es la energía de la vida y de las leyes físicas del cielo y de la tierra que rigen el universo.

En esencia, mediante los principios fundamentales del Ba Gua, este libro constituye un instrumento fácil de emplear y muy efectivo, con el cual podemos lograr equilibrio y armonía dentro de los ocho principales ámbitos vitales y en nuestro centro, el propio ser.

Este libro está escrito para el principiante curioso e interesado en descubrir nuevas cosas, que busca unos lineamientos generales para alimentar con ellos sus puntos de vista sobre el Feng Shui.

Al finalizar el libro pondrá mayor atención en su vivienda. No será experto en Feng Shui pero habrá encontrado una gran cantidad de información que lo entusiasmará para crear sus espacios vitales por medio de cuadros, colores, formas y símbolos.

Feng Shui o el "espíritu" de un lugar

¿Dónde hay un lugar seguro y que estimule mejor la alegría para vivir allí? ¿Qué es lo que tiene la atmósfera de los lugares donde usted se siente bien aunque el estilo de la decoración no sea de su gusto? ¿Por qué podemos relajarnos tan bien en una hamaca? ¿Y cuál es la causa de que en algunas camas pasemos las noches desvelados mientras que en otras durmamos mejor? ¿En qué radica que algunas familias sean más felices, exitosas y sanas que otras?

Estas preguntas son formuladas en todas partes del mundo y cada cultura –desde nuestros antepasados los cavernícolas, pasando por los mayas, hasta nosotros los modernos occidentales– ha encontrado respuesta a ellas. Algunas de las respuestas tuvieron un significado pasajero, fueron superadas por necesidades cambiantes y cayeron en el olvido. Otras han conservado su validez hasta el presente aun cuando solo se hayan intuido inconscientemente.

Feng Shui es el arte chino que responde a las preguntas formuladas anteriormente. Se basa en la premisa de que el "espíritu" y la atmósfera de un lugar pueden aumentar o disminuir nuestra energía vital. Desde hace unos cinco o seis mil años los chinos intentaron hacer una síntesis entre la energía cósmica y las fuerzas terrenas y comprender su influencia sobre los seres humanos. En la larga historia del Feng Shui, el conocimiento acerca de cómo se puede organizar el espacio donde se vive para poder desarrollarnos mejor, se ha convertido en un sistema multifacético de teoría y práctica. En él se reflejan las grandes correspondencias entre cielo y tierra así como las correspondencias entre las cosas más cotidianas.

Para nosotros los occidentales puede parecer muy extraño relacionar el paisaje y la forma de la vivienda con las circunstancias de nuestra vida. Pero consideremos la forma de pensar de los chinos y veremos con sorpresa que el Feng Shui principalmente se guía por conocimientos prácticos que nos ponen en relación con las leyes del cielo y de la tierra.

El Feng Shui nos señala uno entre muchos caminos para que, mediante la organización y disposición cuidadosa del mundo que nos rodea, nos podamos poner en armonía con nuestras necesidades y metas. Así guiaremos nuestra vida de una manera más plena y sana.

El Feng Shui ofrece una cantidad de ayudas sencillas y fáciles de aplicar con las cuales podemos mejorar la calidad de vida dentro de las cuatro paredes que habitamos. Por otra parte, es un arte muy complejo y una ciencia que requiere muchos años de aprendizaje y experiencia para dominarla completamente.

La astrología, la geomancia[1], los cinco elementos, los puntos cardinales y los cinco animales, así como las circunstancias de la vida de la persona, se entretejen en el Feng Shui clásico como una red en la cual todo influye y se apoya o se destruye mutuamente. Una selva impenetrable donde, a partir del Feng Shui, se puede hacer un camino a través del cual el principiante puede transitar.

[1] La teoría de los campos de energía de la Tierra.

Una pequeña "farmacia casera"

Así como se busca un médico cuando se está enfermo, quien tenga la sensación de que su vivienda lo enferma, debe contratar a un excelente experto en Feng Shui y recibir de él consejos detallados.

Pero cuando solo es un resfriado el que le molesta, o quiere mejorar su bienestar de manera general, con remedios "caseros" usted puede lograr una sorprendente mejoría en su calidad de vida. Por ello, este libro está hecho de tal manera que usted lo pueda usar como una pequeña "farmacia casera" de Feng Shui. Este libro le enseña los conocimientos básicos del Feng Shui y le muestra cómo los cuadros de energía ponen en armonía entre sí los más importantes ámbitos y los fortalecen. Este libro le ayuda a enriquecer con energía los espacios donde usted habita y le ayuda a convertirlos en sitios de energía creativa o de relajante tranquilidad.

Tal vez le ayude a crear en su lugar de trabajo una atmósfera que inspire su espíritu; tal vez le ayude a encontrar lugares con fuerza para alimentar su alma y relajar su cuerpo. Pero, sobre todo, este libro quiere hacerlo consciente de cómo la energía influye sobre el ambiente que lo rodea.

Muchos libros intentan enseñarnos a nosotros, los occidentales, el vasto conocimiento recogido por muchas generaciones sobre el Feng Shui. Pero quien haya leído varios libros sobre Feng Shui se da cuenta pronto de que surgen contradicciones en ellos porque muchas veces descansan sobre diferentes escuelas y tendencias. Otros ofrecen una cantidad enorme de información y detalles, o suministran abundantes cálculos que están muy por encima de lo que el principiante necesita para activar su casa. Muchos de esos libros se dejan de lado con un sentimiento de frustración porque la casa termina por parecer un vampiro devorador de energía que no parece ofrecer oportunidades de éxito a nuestros deseos de pareja y de una vida sana.

Pocas personas pueden o quieren trasladar paredes y puertas en sus viviendas, construir baños en un rincón más favorable o abrir ventanas. Y, la mayoría de las veces, esto no es necesario, pues la práctica del Feng Shui brinda una gran cantidad de medios sencillos para cambiar y reactivar su vivienda de manera que esta se convierta en un lugar con una atmósfera más agradable y sana. Será un lugar que irradie una energía armoniosa, que llene a quienes entren en él e incremente su energía vital.

Conocimientos valiosos sobre el Feng Shui

Los efectos del Feng Shui

Quien comience a interesarse por el Feng Shui y realmente quiera saber qué es, conseguirá muchas respuestas diferentes. Para algunos, el Feng Shui es un arte lleno de misterios mediante el cual se transforma la casa y el entorno, de tal manera que atraigan el éxito, la salud, la riqueza y la felicidad. Otros ven en el Feng Shui una mezcla de sano sentido común, filosofía china y un cuidado refinado de la vivienda. Otros entienden el Feng Shui como una teoría unificadora para armonizar energías cósmicas, leyes terrenas y necesidades humanas.

Para muchos es simple y sencillamente una tonta superstición, pero para casi todos los chinos y habitantes de los *Estados del tigre*[2] el Feng Shui es una ciencia que se debe respetar. Con el conocimiento que nos ofrece se pueden equilibrar las finas energías electromagnéticas de nuestro ambiente y armonizarlas. En Occidente, algunos destacan su efecto psicológico y ven en él un procedimiento para percibir de manera más consciente el entorno y configurarlo de tal forma que responda a las propias necesidades.

Lo que signifique Feng Shui y los efectos que pueda producir en su vida, solo usted puede contestarlo en la medida en que se permita comprobar por sí mismo los efectos de este.

[2] Indonesia, Malasia, Filipinas, Corea del Sur, Taiwán y Hong Kong.

El hombre: entre el cielo y la tierra

El Feng Shui describe en el oriente los esfuerzos milenarios del hombre para armonizarse con la incomprensible energía del cielo y de la tierra, ya que quien esté en armonía con las leyes universales disfruta una vida larga y exitosa.

La teoría y la práctica del Feng Shui están arraigadas en la profunda convicción de que todo en el universo está vivo y que se genera, se complementa mutuamente y se disuelve, en un círculo eterno de ser y dejar de ser. Esto es el Tao.

Si observamos el Feng Shui separado de la visión del mundo taoísta, este se nos aparece como un montón de conceptos artificiales y supersticiosos y de afirmaciones extrañas. Pero si uno se acerca más a la filosofía taoísta encuentra una imagen del mundo que es la clave que lo prepara para fascinantes descubrimientos.

A comienzos del siglo pasado apareció la primera traducción del antiquísimo libro de sabiduría y oráculo el *I Ching*, en Europa. Al *I Ching* le siguió la obra maestra, mucho más profunda, el *Tao Te King* en el cual el viejo sabio Lao Tse[3] extiende un puente desde el eterno e incomprensible comienzo del universo sobre los polos opuestos entrelazados del Yin y el Yang, hasta las tareas cotidianas.

Y finalmente desde hace unos años atrás la medicina china disfruta de un gran éxito. Al comienzo solo se la veía con una sonrisita de condescendencia; ahora, se reconocen la acupuntura y la acupresión como tratamientos terapéuticos. Cada vez más la gente los prefiere a la medicina occidental, porque están desprovistos de efectos secundarios y se orientan hacia un tratamiento total.

Ahora la cultura china conquista el occidente con el Feng Shui, un nuevo concepto sobre el oriental arte de vivir.

[3] Filósofo chino. Vivió en el siglo 3 o 4 a.C.

El Feng Shui: la acupuntura del espacio

La medicina tradicional china parte del principio de que nuestro cuerpo está atravesado por canales de energía: los meridianos que le suministran energía cósmica vital. Aparecen trastornos de salud cuando el flujo de la energía de los meridianos se detiene. Con la ayuda de agujas de acupuntura esos sitios bloqueados se hacen fáciles de atravesar, de manera que la energía pueda fluir libremente por todas las células. Asimismo, también se bloquean intencionalmente o se desvían flujos de energía para dirigirlos hacia un sitio que está taponado o para frenar energías que van demasiado rápido y que, por lo tanto, son dañinas.

El Feng Shui funciona de la misma manera. También los paisajes, las casas y los espacios interiores, según la concepción china, son recorridos por torrentes de energía. Las montañas, las casas, las paredes y los muebles actúan sobre el flujo natural de energía y lo pueden limitar o acelerar.

El Feng Shui enseña a crear, mediante la disposición dirigida de los espacios, tanto interiores como exteriores, un ambiente sano para habitar y trabajar. Un entorno que fomenta nuestra energía vital y alegría, produce salud y un mejor rendimiento, pues quien quiere producir más, es visitado por el bienestar y la riqueza. Sobre esta base los chinos emplean en todo el mundo el Feng Shui.

Tao y Feng Shui

Viento y agua, la traducción literal de Feng Shui, refleja con una descripción poética la creencia china de que todo lo que existe está sujeto al Tao. Tao, lo absoluto, el vacío, el uno, lo eterno incomprensible penetra todo lo que existe. Produce el cielo y deja que la tierra permanezca. Mueve el viento y deja que el agua fluya. De él surgen el Yin y el Yang y toda la vida. A diferencia de la mayoría de las culturas, el taoísmo no tiene dioses semejantes a los hombres. En el taoísmo todo es energía.

Si observáramos el mundo con los ojos de un taoísta o un maestro de Feng Shui, lo veríamos como si nos moviéramos siempre dentro de una espesa red de líneas de energía. Cuanto más avanzamos dentro de esas corrientes de fina energía, mejor podemos valorar su influencia en nuestra vida y transformarla dentro de la conciencia. Una imagen del mundo que concuerda de manera sorprendente con las complejas teorías y descubrimientos de la moderna física cuántica.

El Feng Shui es mucho más que una colección de sencillas enseñanzas y reglas para ser más feliz, sano y rico. Más bien es un sistema múltiple con el cual las fronteras entre la cotidianidad y el mundo sagrado se eliminan.

Con una base de conocimientos taoísta se puede entender mejor el profundo significado que yace bajo el Feng Shui. Las reglas del Feng Shui valen para toda vida y toda vivienda del mundo. No tenemos que ser taoístas para emplearlo, aunque los pensamientos básicos del Feng Shui se arraigan en el taoísmo. El Feng Shui no es una religión sino un sano sentido común, integrado con una sabiduría muy antigua.

Si usted se interesa en el fundamento histórico del Feng Shui, simplemente siga leyendo y, si no, puede saltar este capítulo y seguir con el capítulo "Chi: la energía vital".

Los orígenes del Feng Shui

La mejor forma de adentrarse en el Feng Shui es a través de una mirada a sus orígenes.

Como en todas partes del mundo en "el mundo del centro" los seres humanos erraron como cazadores y recolectores y solo más tarde se asentaron como cultivadores sedentarios. El destino de un clan dependía estrechamente de la rotación regular del ciclo de las estaciones y de las manifestaciones del cielo y la tierra. Un invierno demasiado largo y frío, las inundaciones, o una sola tempestad que destruyera las semillas y frutos del verano podrían poner su existencia en peligro. Pero quien aprendiera a interpretar a tiempo el significado de las señales del cielo y sus efectos sobre la tierra, se aseguraría a sí mismo y a sus descendientes las mejores probabilidades de supervivencia. "Mirar al cielo y observar la tierra", eso decían los antiguos para describir sus esfuerzos por entender todas las fuerzas que dominan el cielo y la tierra. A partir de la observación de la naturaleza y sus ritmos naturales se desarrolló, poco a poco, una doctrina pertinente y también extraordinariamente misteriosa.

La parte práctica se refiere a un entorno inmediato y a la vida en el campo. Determinados datos de la región y las condiciones del tiempo reinantes se presentan como especialmente favorables, mientras otras parecen ser menos ventajosas.

En el norte de China, donde frecuentemente soplan vientos helados, la cosecha es más abundante cuando se cultiva al abrigo de las montañas. En las regiones fértiles, ricas en ríos, y en el sur, donde las inundaciones amenazan la gente y las cosechas, se aconseja retirarse a las montañas y a las colinas.

De esta forma, durante milenios, una sabiduría amiga, amable y respetuosa de la naturaleza creció lentamente, fue transmitiéndose y ampliándose generación tras generación. Los mejores momentos para sembrar y cosechar bajo determinadas influencias cósmicas; el mejor momento para construir una casa o para cazar animales, constituyen las bases prácticas a partir de las cuales se aprenden, finalmente, las enseñanzas del Feng Shui sobre la región y las formas.

Un comienzo misterioso

Pero las energías del cielo y de la tierra no fueron siempre armónicas ni previsibles, sino que, con demasiada frecuencia, eran inesperadas, extraordinariamente violentas y también amenazantes para la vida. Los signos más sencillos con los cuales al principio se podía identificar el recorrido de las estrellas y las observaciones terrenales, se convirtieron poco a poco en un oráculo y libro de la sabiduría: el I Ching o "Libro de las mutaciones". Lo que al principio era como un calendario de fechas favorables para la cacería, la siembra y la cosecha, pronto se convirtió en un libro-oráculo que les servía a emperadores, sacerdotes y campesinos. Finalmente se convirtió en la base espiritual y económica del pensamiento y la actividad chinos. Como libro de la sabiduría y oráculo, él predice el futuro, aclara el transcurso natural del universo e inicia en el conocimiento de las transformaciones siempre cambiantes de los ciclos.

El I Ching se desarrolló junto a la astrología y, con el transcurso del tiempo, se convirtió en un sistema cada vez más claro, en el cual el destino del ser humano se complementa con los procesos de la naturaleza. Los ocho signos básicos del I Ching, los trigramas, representan los fenómenos naturales y se les atribuyen determinadas líneas celestes y fenómenos vitales. A partir de ellos surgieron instrumentos y conocimientos muy importantes del Feng Shui que desempeñan un papel muy valioso, sobre todo en la enseñanza de la brújula y del Ba Gua[4].

De la observación de la naturaleza se produjo simultáneamente una visión del mundo que hacia el año 2000 a. C., se convirtió en la religión popular china, el taoísmo. La gran pregunta de la humanidad sobre el origen del cielo y la tierra y acerca de qué es aquello que llena del "aliento de la vida" (el Chi), se puede resumir así, según el gran pensador Lao Tse:

[4] El concepto de la brújula se explica brevemente en la p. 43. El Ba Gua se explica ampliamente en el capítulo **"Los nueve ámbitos vitales"**.

El Tao es vacío, pero como origen de todo el ser actúa incesantemente. Del vacío él crea la plenitud, aunque permanece siempre vacío. Es silencioso, pero no puede dejar de oírse. Es inmóvil, pero actúa en todo. Era antes que el cielo y la tierra, y será por toda la eternidad.

El Tao es siempre incomprensible, es el misterio del misterio. Pero de su energía original, el Chi, surge toda la vida. El Chi produce el cielo, Yang, y la tierra, Yin, que anima todas las cosas. Esa representación de una energía que todo lo penetra se encuentra en todas las artes chinas tradicionales. Es el pensamiento básico que atraviesa todo y sin el cual la cultura china, la medicina y el Feng Shui no se pueden entender. El Chi lo anima todo. Es la más importante energía de la vida y el tema central del Feng Shui.

La tradición del Feng Shui, de maestro a alumno

Con el transcurso de los siglos se reunieron muchos conocimientos que fueron transmitidos de maestros a alumnos. La mayoría de las veces el padre transmitía a su hijo su conocimiento.

Por otra parte, desde su infancia, los aprendices entraban en la casa del maestro. Y para enseñar estos conocimientos de maestro a alumno, transcurrían generalmente algunas décadas. Durante mucho tiempo el Feng Shui fue considerado más bien como una ciencia oculta que estaba solamente a disposición de los poderosos. Los emperadores erigían sus palacios siguiendo la guía del Feng Shui y buscaban los lugares más adecuados para sus tumbas. Tanto la Gran Muralla China, como la Ciudad Prohibida, en Pekín, se construyeron según las reglas del Feng Shui. Ellas se consideraban como medio de conservación para fortalecer el propio poder y para asegurar y extender el futuro de la familia reinante.

China es un país enorme. Las condiciones climáticas en el norte se diferencian de las del sur. Y, a pesar de que China se puede aferrar a una larga tradición común, hay diferencias culturales dentro de las regiones que también influyeron en la interpretación del Feng Shui.

Con frecuencia, los conocimientos del Feng Shui se limitaban según las regiones determinadas en las cuales vivían las personas y no se enseñaba nada sobre ámbitos más generales. Muchas reglas y tareas que nos producen confusión se relacionan con estas experiencias locales y no se dejan trasladar fácilmente a otras partes, y mucho menos a regiones fuera de China.

El Feng Shui hoy

Además de ese conocimiento limitado regionalmente, hay otros métodos y reglas válidos que son los que se han hecho famosos en los últimos años más allá de las fronteras de China. Con los chinos que abandonaron su patria, el Feng Shui se dio a conocer también en otros países. Cuando, bajo el dominio de Mao Tse Tung, centenas de miles de chinos tuvieron que huir al exterior para construir una nueva vida, el Feng Shui experimentó un gran impulso. Para los que aplican el Feng Shui estaba claro que el enorme éxito económico de Hong Kong y los *Estados del tigre*[5] se debía, en gran medida, a la actividad de los expertos en Feng Shui para planificar y construir sus casas, oficinas y fábricas. Todavía hoy los asiáticos no construyen en Hong Kong un banco, una oficina o una tienda, sin tener en cuenta las guías del Feng Shui y su aplicación consciente.

Tanto éxito despertó la curiosidad de los occidentales. Ahora ya nadie me mira desconcertado cuando digo que soy consejera de Feng Shui. Recibo montones de preguntas curiosas o escépticas pero, en general, interesantes.

[5] Indonesia, Malasia, Filipinas, Corea del Sur, Taiwán y Hong Kong.

Chi: la energía vital

La fuerza que todo lo mueve

El pilar más importante del Feng Shui es la misteriosa energía original Chi[6], que todo lo anima.

Toda la cultura china se apoya sobre el supuesto de que una energía original incomprensible produjo el mundo, habita toda cosa y produce incesantemente la fuerza vital. Esa energía invisible se encuentra en todo lo que es. Es la fuerza que crea todas las galaxias y que da vida a la piedra y a nosotros. Es el aliento cósmico o espíritu que mueve el viento y el agua y hace que las plantas crezcan. Es la corriente de la vida que fluye a través de nuestro cuerpo y que puede ser influida por las agujas de acupuntura. Y, finalmente, el Chi es el núcleo de nuestro ser.

¿Cómo actúa esa energía invisible, de qué está hecha y cómo podemos los seres humanos usarla para nuestro desarrollo? Esas preguntas son la base de todas las artes chinas. A pesar de que el taoísmo es muy antiguo, la filosofía ha encontrado en él una visión del mundo muy moderna y estimulante. La medicina introduce una sabiduría sorprendente que integra sutilmente el cuerpo, el alma y la energía cósmica. También en las artes marciales asiáticas se ve la acción unificada del Chi.

En el arte del Feng Shui todo gira esencialmente alrededor de la pregunta: ¿dónde fluye el mejor Chi y cómo podemos emplearlo de la mejor manera en nuestro entorno? En los planos anímico y espiritual puede ocurrir que fluya a través de pensamientos y sentimientos positivos; esa energía irradia del interior hacia el exterior. Con el Feng Shui podemos refinar

6 También conocido como *Qui*.

nuestra percepción de las corrientes de energía. Simultáneamente podemos conformar nuestro entorno para que el flujo de energía Chi enriquezca nuestra vida con salud, armonía, bienestar y confianza en nosotros mismos.

El flujo de energía vital de diferentes clases de Chi actúa de manera duradera sobre la atmósfera de un lugar. Allí donde el hombre con sus construcciones y calles ataca el paisaje, transforma también las corrientes y velocidad del Chi, según como haya sido afectado. Si el Chi todavía puede moverse con suaves curvas o si ha sido transformado por una autopista rápida, asimismo será su influencia en el entorno.

También los edificios son organismos vivos, de manera semejante a los cuerpos humanos. De la misma forma como debemos suministrar energía fresca y oxígeno a cada órgano y a cada célula de nuestro cuerpo para sentirnos sanos y con alegría de vivir, también debe fluir la energía Chi en una casa para enriquecerla con energía vital. El flujo ilimitado y armonioso del Chi es la base de cualquier intervención del Feng Shui. Esto lo sabían ya los antiguos griegos.

Todo fluye

Todo fluye y no permanece.
Tú no puedes sumergirte
dos veces en el mismo río
porque siempre, siempre,
serán otras aguas.
Heráclito

En la naturaleza solo se encuentran movimientos fluidos. El viento sopla hacia el valle y sobre las colinas fluye alrededor de las piedras y los árboles, y se mueve algunas veces en remolinos. Un arroyo natural se abre paso a través del paisaje, transforma con el correr del tiempo su camino y así se acerca a diferentes comarcas y personas. Excepto algunas pocas formas de cristales, en la naturaleza no se conocen formas de líneas rectas ni ángulos rectos exactos. Allí donde el Chi no puede vibrar libremente sino que está constreñido por rígidas márgenes, se calienta muy pronto y se convierte en Sha-Chi dañino.

Todos conocemos el viento cortante, hiriente, que producen las calles estrechas modernas. O el desasosiego y la prisa que sale de las calles con demasiado tránsito vehicular. Allí donde, en las últimas décadas, los arroyos y los ríos han sido dirigidos de manera rectilínea estos se han convertido en canales planos donde la fuerza vivificante corre a través de tubos de concreto o frecuentemente se libera en inundaciones mortales, enterrando consigo toda cosa viviente.

Cada persona, cada animal, cada elemento y cada cosa poseen una forma propia de energía vital; tienen un Chi original y propio. Todos caracterizan y transforman continuamente la forma de su Chi, en la medida en que "intercambian información" y se coordinan mutuamente. Cada edificio, cada habitación y cada cosa que estén allí influyen sobre el Chi y su flujo. Cada puerta y cada rincón, cada forma y cada color, todo movimiento dentro de una vivienda actúa sobre la clase de Chi

y sus corrientes. Como una corriente de aire es detenida, desviada o arremolinada por los muebles, rincones y objetos, así puede usted imaginarse las corrientes de energía dentro de su vivienda.

Cuando esa energía fluye en suaves ondas a través de toda la habitación y se llena de oxígeno fresco y energía vital, los chinos hablan de buena energía, energía que da vida. Donde esa energía fluye demasiado rápido por ángulos largos y rectos y donde escasea, se convierte el Chi en mala energía, en Sha-Chi. Esa energía no ofrece ninguna fuerza sino que roba energía vital y, finalmente, puede producir enfermedades. Es como si estuviéramos siempre en una corriente de aire o como si viviéramos en un lugar cuyas emanaciones y vibraciones dañaran el cuerpo y el espíritu.

Pero también el Chi demasiado lento puede convertirse en Sha-Chi; por ejemplo, cuando tiene que desviarse por largos vericuetos de la vivienda y solo al final encuentra la alcoba o el sitio de trabajo. Hasta allí el Chi se puede desviar por las ventanas o aquietarse tanto que la última habitación solo es abastecida escasamente con energía. En ese caso, el Chi debe animarse mediante espejos y acelerarse o absorberse como lo muestra la imagen de abajo con las clásicas flautas. Las flautas no se deben tocar entre sí ni deben tocar el marco de la puerta o el techo. También es importante que las flautas no estén dañadas o agujereadas.

Allí donde el Chi no llega o no puede girar, es decir, en los "rincones muertos" de una habitación, puede ser estimulado mediante la

Para animar el Chi: ubique dos flautas en la parte interior de la pared sobre la puerta, de manera que la embocadura esté orientada hacia arriba.

luz. Una fuente de luz cálida y radiante produce enseguida una mejoría energética. El calor de la lámpara estimula el flujo de aire y la luz produce nuevo Chi, de tal forma que en ese rincón el flujo del Chi se pone de nuevo en movimiento.

También las plantas producen continuamente Chi fresco y lo irradian a su alrededor. Por ello, son un remedio maravilloso en caso de que haya energía estancada. Como las plantas producen su propia energía también pueden ser empleadas para frenar energía que fluya demasiado rápido o para impedir que escape por las ventanas.

En habitaciones que nunca o muy raras veces se usan, se acumula el Sha-Chi. Lleve movimiento a esas habitaciones entrando en ellas y aireándolas frecuentemente, incluso llevando nueva vida allí, empleándolas para algo diferente.

Las diferentes manifestaciones del Chi

Para entender el flujo del Chi y poder influir sobre él, es importante comprender cómo se comporta en sus diferentes formas.

El concepto Chi, energía cósmica, abarca diferentes formas de manifestación. Él entra como Chi atmosférico en la forma de aire fresco u oxígeno combinado con iones negativos. Como Chi del fuego, se presenta como el cálido sol y el fuego. Como Chi de la luz actúa sobre nosotros en la forma de la luz, natural del sol o luz artificial eléctrica. Cada movimiento de las personas o de los animales, el crecimiento de las plantas o las irradiaciones de las cosas, producen el Chi del movimiento que se materializa en las aguas que corren, como las fuentes o las cascadas.

Todas esas formas de manifestación del Chi están presentes en todas partes, de manera más o menos saturada, y se afectan mutuamente. En Feng Shui, un paisaje o una vivienda se consideran ideales cuando en ellas están presentes todas las formas de Chi.

El Chi del aire

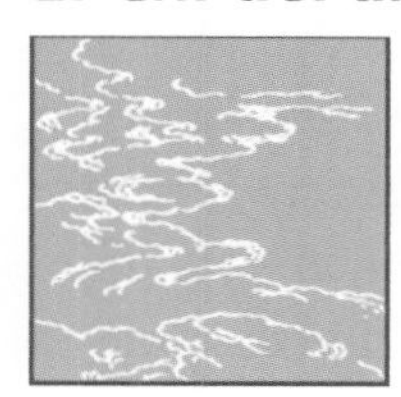

Casi toda la gente se siente bien afuera, en la naturaleza intacta. El aire fresco estimula su espíritu vital porque el cuerpo se abastece de oxígeno y, con ello, puede liberar más energía vital. El Chi del aire corresponde a los pulmones en el cuerpo humano. Como un cuerpo, una casa también debe respirar y ser abastecida con abundante oxígeno fresco. Por eso, usted debe abrir frecuentemente puertas y ventanas y con fuertes corrientes de aire fresco limpiar el aire y la energía usados hasta el último rincón. A diferencia de simplemente airear, es importante sentir que las corrientes de aire llegan a todos los rincones. Las zonas delicadas como el baño y la cocina necesitan, naturalmente, más aire fresco que los otros lugares.

Las casas modernas totalmente encerradas guardan mejor el calor en su interior pero desafortunadamente también la humedad. Esta se ubica en las paredes y forma un suelo ideal para alimentar moho, que posiblemente sea el agente que causa el asma, la tos y diversas alergias. También nuestros muebles modernos, tapices y lacas acumulan emanaciones que deben ser ventiladas regularmente por medio del aire fresco.

El aire fresco es irreemplazable. En las habitaciones con aire estancado, el Chi no se puede renovar mediante un movimiento de aire, ni con luz ni con un ventilador sino con aire fresco y limpio.

Una buena ayuda para aumentar la frescura del aire es un ionizador. Los iones usados con carga positiva que continuamente son producidos por los aparatos eléctricos como televisores y computadores los toma el ionizador y los transforma en iones negativos. Así, el aire de la habitación se sentirá más fresco y limpio porque los iones negativos atraen oxígeno y, con él, la energía Chi. Las lámparas de cristal salino son ionizantes naturales muy buenas y además se consiguen muy económicas.

Si en una habitación o vivienda reina continuamente una corriente de aire, porque las puertas y ventanas están en mala posición o no son muy herméticas, el Chi fluye demasiado rápido y se transforma por la velocidad en Sha-Chi.

El Chi de la luz

Así como para nosotros es importante el aire fresco rico en oxígeno, también lo es la luz. La luz natural del sol es una premisa necesaria para la vida. Nos damos cuenta de lo importante que es para nuestro bienestar cuando nos hace falta durante un tiempo largo; la gente tiende a sentir melancolía e irritabilidad durante los meses sombríos de poca luz del invierno. Tanto para nuestro intercambio de energía como para determinadas funciones hormonales, que tienen una decisiva influencia sobre nuestro bienestar, la luz del sol es irreemplazable. Ninguna forma de iluminación artificial puede reemplazar la luz del sol.

La luz Chi penetra en nuestra casa por las ventanas y puertas abiertas. En el transcurso de las estaciones la luz cae en diferentes ángulos y de manera inconsciente nuestro reloj interior distorsiona los datos del mundo externo y dirige sus procesos bioquímicos según ellos.

Si tenemos que permanecer mucho tiempo en lugares con muy poca luz Chi natural y con falta del Chi del aire, tendremos trastornos de salud e irritabilidad emocional. Comparando con un bosque o una pradera florida donde hay ciento por ciento de luz, los espacios cerrados ofrecen muy escaso porcentaje de este Chi.

Aun cuando la luz artificial no puede reemplazar la luz del sol ella desempeña en el Feng Shui un papel importante, porque con ella se puede poner en movimiento el Chi estancado en los rincones, ya que tanto el sol como la luz artificial producen calor que se incrementa e irradia y que mueve el Chi del aire. Por eso la luz es, en gran medida, responsable del ambiente de una habitación. Incluso la más bella vivienda sufre cuando la luz no es adecuada porque parece fría y repelente.

Usted puede lograr una atmósfera más agradable con diferentes islas de luz. Si tiene en el baño, la cocina o la habitación una fuente central de fría luz neón, puede agregarle una o dos lámparas pequeñas para incrementar la cantidad de luz. Las habitaciones iluminadas con una luz mediocre tienen una atmósfera mortal. Por el contrario, los sitios iluminados aumentan el buen ánimo de la habitación e incrementan el Chi.

Pero también demasiada luz, a través de ventanas enormes, puede producir confusión y ser igualmente perjudicial. Ventanales muy grandes dejan entrar demasiado Chi de la luz y dejan escapar también mucha energía del aire. Se puede disponer mejor del Chi con cortinas, plantas, biombos y objetos bonitos. También se pueden crear vistas útiles para este fin entre ventanas que estén enfrentadas mediante objetos como cristales coloreados o flores.

El Chi del fuego

Tradicionalmente el fuego al aire libre y luego el fogón han constituido el punto central de la casa. Allí estaba el punto de reunión de la vida en comunidad. Con el fuego se preparaba la comida y en torno al fogón las personas se encontraban tanto en las noches oscuras como en los días fríos del invierno mientras conversaban sentados a su alrededor. Por eso, en el Feng Shui, una estufa o una chimenea se consideran el centro de la casa.

Así como el corazón está en el centro del cuerpo, así también debe estar la estufa dentro de la vivienda: tan central como sea posible para que pueda irradiar su cálido Chi en todas las habitaciones. Mientras antiguamente una sola estufa o un solo fogón producían el calor de la casa tanto para las zonas frías como para las cálidas, las casas modernas tienen una calefacción central, con lo cual reina en toda la casa una temperatura similar. Esto economiza mucho trabajo y suciedad pero no brinda la atmósfera ideal que ofrece, por ejemplo el fuego, chispeante de una chimenea o de un alegre fogón.

Además, las temperaturas constantes frecuentemente producen cansancio, porque por una parte hay poca aireación para no desperdiciar el precioso calor y, por otra, porque de las diferentes zonas calientes y frías sale un atractivo encanto que mantiene nuestro cuerpo saludable. El clima constante de nuestra casa nos hace susceptibles a las enfermedades porque no se transforma como la atmósfera natural durante el día, y la mayoría de las veces tiene muy poco oxígeno fresco.

El Chi del fuego se relaciona estrechamente con el Chi del aire y el Chi del movimiento. Nuestra mayor fuente de luz, el sol, nos da, además de luz, calor. Él calienta los muros de la casa y trae energía solar a nuestra vivienda.

El Chi del movimiento

Las personas, los animales, el agua y el viento, en síntesis, todo lo que se mueve, produce Chi del movimiento. En una casa en la cual los niños juegan alborotados y corriendo de un lado a otro se produce gran cantidad de buena energía Chi del movimiento. Por el contrario, hay muy poca energía del movimiento en una habitación que se usa generalmente para dormir y ver televisión.

El movimiento es vida y cuando se pone el aire en movimiento, puede vibrar y mezclarse, no existe el problema de la energía estancada. Todo animal, todo movimiento en la habitación, cada brisa crea corrientes y con ello energía fina en vibración. Ustedes pueden imaginarse esto como el efecto que produce una persona o un auto en un canal de aire. Cada clase de movimiento esparce diferentes patrones y hondas que, a su vez, serán quebrados y distorsionados en los rincones, ángulos y objetos en la vivienda.

Cada vez que usted llega a casa y abre la puerta, trae Chi fresco nuevo y lo esparce con su movimiento en la casa. Aun cuando desde el punto de vista arquitectónico el lugar no sea muy favorable debido a entradas y puertas traseras enfrentadas o puertas y ventanas enfrentadas. De hecho, donde reina mucho Chi de movimiento las energías se arremolinan y escapa menos energía.

Más aún, se pueden reactivar rincones y esquinas de una habitación que tengan poco flujo de energía mediante agua en movimiento o cuadros de agua y actividad. Pero también fuentes de luz adicionales producen calor para incrementar el arremolinamiento de las energías del sitio. Sin Chi del movimiento se atrofia la energía en la habitación y se repliega sobre sí misma convirtiéndose en Sha Chi. En viviendas dehabitadas o poco ventiladas, un aire estancado, muerto, esparce un olor desagradable y la atmósfera es bastante opresiva. Por el contrario, en los espacios donde diferentes personas producen movimiento con su propia energía Chi de movimiento, si es espiritual e inspiradora, el Chi de los pensamientos y sentimientos fomenta una colaboración amistosa y relajada.

Una forma muy delicada de Chi de movimiento es la "mirada Chi", porque también nuestras miradas ponen en movimiento el Chi refinado y dirigen su flujo. Por ejemplo, cuando entramos a una habitación y nuestra mirada se "dispara" a través de la ventana que esté al frente, con ello escapa mucha energía Chi. Para esto ofrecen ayuda matas y móviles sonoros frente a la ventana pero también elementos en esta que retengan la mirada dentro de la habitación.

El Chi interno de los pensamientos y los sentimientos

Los pensamientos y los sentimientos son energías extremadamente influyentes que, con frecuencia, casi se pueden percibir físicamente. Los sentimientos fuertes y la mágica fuerza de atracción entre dos enamorados la sienten también personas que están alejadas. Cuando en la escuela hay que escribir trabajos, se despliega una energía muy especial, la atmósfera se carga de sentimientos fuertes y concentración espiritual.

Las circunstancias exteriores, el destino y nuestro entorno, ejercen una fuerte influencia sobre nosotros. Querámoslo o no, continuamente estamos en un intercambio multifacético con nuestro medio y reaccionamos ante él. Desde luego que hay una gran diferencia si una persona puede vivir sin preocupaciones financieras o si depende de la ayuda social. Sin embargo, las investigaciones muestran que las personas felices no siempre viven en mejores condiciones que las personas que son menos felices. Son sus pensamientos de confianza y una actitud positiva ante la vida los que hacen que el entorno influya de manera amistosa y armoniosa. Las personas con un sentimiento armonioso ante la vida toman las influencias desagradables y molestas del medio de manera más relajada y con más humor. Interpretan sus experiencias de tal manera que tienen sentido y, de esta forma, se perciben como menos difíciles.

Nosotros solemos atribuir significado a cosas, sucesos y situaciones que de por sí no lo tienen. Un corte de pelo desafortunado puede llevarlo a ponerse furioso durante semanas cada vez que se vea en el espejo. Usted puede replegarse abatido, perder su autoestima y no atreverse a socializar con otras personas. O puede tomar su corte de pelo como ejercicio y reto para no tomar las cosas externas como algo importante y observar cómo, aparte de lo externo, usted puede ofrecer otras cosas.

Así como interpretemos el mundo y nos pongamos en relación con él, de la misma manera él influye sobre la forma como nos sentimos. Ciertamente cada uno de nosotros forma su propio mundo personal al cual otorga, con sus pensamientos y sentimientos, significado y fuerza. Sus pensamientos, representaciones y sentimientos son los pilares del Feng Shui interior. Mediante una actitud positiva afirmativa puede fortalecer considerablemente las medidas externas del Feng Shui que emplee.

Una parte muy importante del Feng Shui es la relación armoniosa entre la fina energía interna de los pensamientos y sentimientos con los objetos del mundo externo.

Una vivienda que se dispone con alegría y muy conscientemente según el gusto y las necesidades, irradiará de manera muy diferente a como lo hace una vivienda arreglada bajo estrés, ira o presión externa. Cualquier recomendación de Feng Shui, aunque pueda ser excelente, será inefectiva si sus pensamientos o sus sentimientos "trabajan" en contra de ella o si siente una fuerte resistencia.

Los tres planos de la felicidad

El Feng Shui enseña cómo podemos atraer de manera consciente y mediante una actitud interior y un entorno organizado, la salud, la satisfacción y la felicidad. Los chinos tienen muy claro que la gente y el Feng Shui solo pueden influir sobre los dos primeros planos de los tres que mencionamos. Estos tres planos se subdividen en felicidad humana, terrena y celestial, y crean el marco que, por una parte apoya y por otra, marca los límites de nuestros esfuerzos.

- *La felicidad humana* es la felicidad que nosotros mismos nos proporcionamos. Es el Feng Shui de nuestros pensamientos y sentimientos. Está totalmente en nuestras manos y puede ser formada e influida por cada uno, por ejemplo mediante el Feng Shui en su entorno.
- *La felicidad terrena* aparece cuando la propia vida y el entorno se influencian mutuamente de manera armoniosa y se complementan. El Feng Shui resume las observaciones y conocimientos de muchas generaciones y enseña cómo pueden ser aplicados para producir esa felicidad.
- *La felicidad celestial* es el destino y no puede ser manejado por los seres humanos; ante ella solo podemos agachar la cabeza humildemente, recibirla con gratitud y hacer algo bueno a partir de ella. Pero con el destino también es fácil orientarse; cuando creamos mediante el Feng Shui, construimos un campo de fuerza armónico en el cual nos podemos sentir sanos y salvos.

Cómo mejorar el flujo del Chi

La energía vital Chi fluye de manera diferente a través de su vivienda. Para tener en primer lugar sensibilidad relativa a las relaciones de las corrientes del Chi del aire en su vivienda, le pueden ayudar los siguientes ejercicios simples.

Imagínese que la puerta de entrada de su vivienda estuviera abierta y una corriente de aire continua fluyera dentro de su casa o apartamento. Haga de cuenta que puede ver esa corriente como una fuente de color o como una neblina que colorea toda su vivienda. Usted ve cómo esa corriente fresca y llena de moléculas de oxígeno penetra, cómo se distribuye y entra por las diferentes puertas y de nuevo se escapa por las puertas y ventanas.

¿Por cuál rincón o ángulo la corriente de aire pasa de largo y donde se arremolina o desvía por los muebles y paredes? ¿Cuáles sitios son cargados con energía fresca y dónde llega solo aire usado, viciado? Perciba dónde fluye por largos pasadizos muy rápido la corriente de aire y luego reflexione sobre cómo puede dirigirla por pasadizos más suaves.

En un corredor largo usted puede poner muebles y/o plantas de tal manera que surjan suaves ondas visibles y energéticas. También con cuadros y espejos, diferentes objetos y colores o una alfombra adecuada se puede frenar un flujo demasiado rápido del Chi. El objetivo es desviar el flujo del Chi demasiado rectilíneo y llevarlo por suaves líneas curvas y senderos oscilantes.

En el cuadro de la derecha se puede ver cómo se convierte el Chi en una "punta de lanza" y se escapa por una ventana. Los espacios de la derecha y de la izquierda del corredor reciben menos flujo de energía.

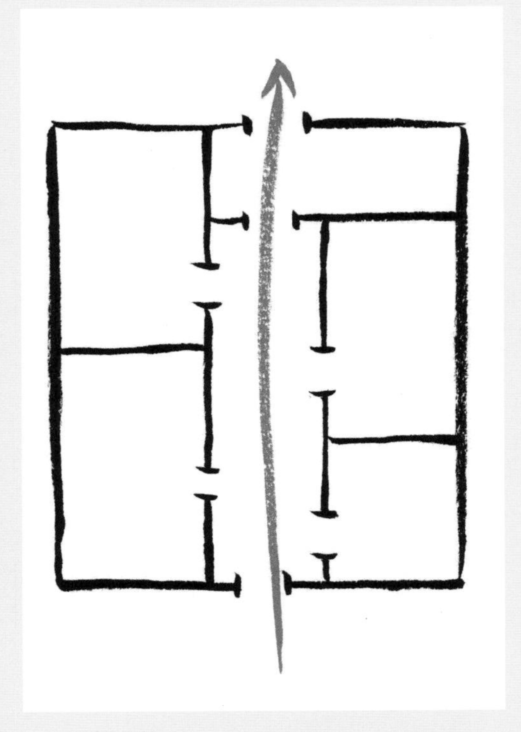

En un corredor muy estrecho muchas veces no es posible poner plantas o adornos. Si puede, coloque móviles sonoros para frenar el Chi y desviarlo hacia los espacios aledaños. Los móviles sonoros colgados en un corredor largo reflejan el Chi y hacen que siga fluyendo de manera más suave (véase el cuadro a la derecha). Si es posible, coloque objetos redondeados en el corredor, de manera que el Chi fluya en ondas. Así se sentirá más tranquilo y nutrido y se llenará mejor el espacio. Poner una planta o un móvil sonoro frente a las ventanas, al final del corredor, frenará también una salida demasiado rápida del Chi.

También se puede crear con luz una fuerte línea óptica serpenteante; por ejemplo con lámparas colgantes que irradien luz de manera cónica hacia arriba (véase el cuadro a la izquierda). Deje jugar su fantasía y utilice su sano sentido común. Las soluciones más efectivas del Feng Shui son frecuentemente sencillas y se realizan con poco esfuerzo. En su vivienda, empiece por cambiar las cosas que requieren menor esfuerzo y fíjese en lo que sucede.

Después de que tenga una primera impresión del Chi del aire en su vivienda, examine de dónde y con qué amplitud fluye el Chi de la luz. En el transcurso del año, la luz del sol cae en ángulos diferentes dentro de la vivienda. El sol del invierno que cae más profundamente ilumina otros sitios que no ilumina el alto sol del verano. Quizá usted tenga la suerte de vivir en una casa o apartamento en donde todo el año, todo el día, la luz del sol ilumine en distintos sitios todas las habitaciones. Pero en muchos apartamentos y casas hay habitaciones que carecen de luz solar. Es importante airear muy bien estas habitaciones y surtirlas del Chi fresco del aire.

Pero también la luz eléctrica puede ser de gran ayuda en estos casos cuando se instalan islotes de iluminación indirecta y no se usa luz de neón, que es muy fría. Las bombillas ahorradoras de luz, halógenas y de neón, producen un efecto frío y menos agradable.

Probablemente tenga usted tiene una impresión más clara de cómo su vivienda es atravesada por las corrientes Chi y dónde haya quizá "rincones muertos". De vez en cuando una corriente fuerte de aire, así como luz y plantas pueden animar esos rincones que tienen poca energía, pero lo que mayor efecto produce es la energía Chi. Quizá un rincón escaso de energía no usado se pueda convertir en un cómodo sitio para organizar un rinconcito de lectura o para guardar sus tesoros.

Observe su vivienda ahora desde el punto de vista del Chi del movimiento. En la mayoría de los casos podemos ver que hay una especie de "sistema de calles" en una misma habitación. Los caminos usados con mayor frecuencia se asemejan a carreteras muy transitadas o vías arterias de un país, otras son como calles principales que a su vez se comunican con pequeñas calles de poco tránsito. Una en su pensamiento los diferentes "caminos transitados" con las otras corrientes Chi. Cuando se dé cuenta, por ejemplo, de que en su largo y recto corredor con un Chi del aire muy rápido también está la autopista del Chi del movimiento, se habrá formado una clara idea de cómo se pueden fortalecer las diferentes energías.

Los muebles: menos es más

El Chi, no importa en qué forma se presente, siempre quiere fluir libremente y, exceptuando la luz del sol, fluir en suaves curvas a través del paisaje y las viviendas.

Tener muchos muebles limita nuestra libertad de movimiento y también el flujo de energía dentro de la vivienda. Por otra parte, en los pequeños apartamentos modernos, no siempre es posible dejar varios espacios libres en una habitación. Trate de tener en cuenta ambas cosas: el mejor flujo de Chi posible y su sentido personal de la comodidad al mismo tiempo. En Feng Shui, cada mueble, cada objeto, es portador de Chi. Las mejores disposiciones Feng Shui no pueden funcionar bien cuando la vivienda está demasiado llena, demasiado recargada de muebles.

Mire su vivienda o su lugar de trabajo y pregúntese si todavía necesita o usa esa vieja revista, el recuerdo polvoriento, el mueble que se tambalea, o ese abrigo de invierno que tiene hace diez años. Muchas cosas están por ahí todavía porque nosotros nos preguntamos muy rara vez si aún tienen algún significado o si realmente las usamos. Pero todas esas cosas superfluas atrapan energía y es una energía que nos ata al pasado. En una vivienda así, las habitaciones y las paredes están cargadas de antigüedad y queda muy poco espacio para el presente y para el futuro. Por eso la persona y la vivienda se deben liberar de recuerdos superfluos y repetitivos creando valientemente espacio para las nuevas energías.

También el aseo y el orden contribuyen de manera esencial a la presencia de buenas energías. Una vajilla sucia amontonada durante todo el día, capas de polvo y ventanas clausuradas no traen energía positiva como tampoco las montañas de ropa sucia y bolsas superllenas de basura. Sin embargo, esto no significa que se debe transformar la vivienda en una fortaleza a prueba de gérmenes, ordenada obsesivamente y reluciente por todas partes. Esto produciría el efecto contrario. En el Feng Shui se trata más bien de crear un entorno claro y despejado en el cual puedan interactuar armoniosamente las energías externas y las internas y se nutran mutuamente.

Ayuda en caso de Sha-Chi

El Sha-Chi de los corredores largos y rectos se suaviza muy bien si se crean curvas y desviaciones. Coloque muebles, objetos o plantas de tal manera que surjan curvas suaves energéticas visibles. Divida con los colores de la pared o del piso el espacio en secciones. En lugar de una sola fuente de luz se pueden colocar luces aisladas en la pared o en el techo, de manera que el Chi ondule a través del largo corredor.

Los ángulos agudos y los cantos se suavizan cuando se les ponen enfrente cintas o pañuelos o cuando se les cuelgan enredaderas o matas grandes.

Ayuda en caso de escasez de Chi

Cuando las ventanas y puertas quedan una en frente de la otra, se escapa demasiado el Chi por las ventanas. La mejor ayuda para esto la ofrecen las matas grandes, cristales finos, los mejores son los cristales de roca y los móviles sonoros. Ambos crean un campo de energía que la refleja y la esparce por el recinto.

Resumen

El Chi se incrementa mediante:

Caminos que ondulan suavemente.

Luz suave indirecta y clara.

Agua limpia, viva.

Fuentes en las habitaciones, acuarios.

Cuadros con cascadas.

Flores frescas.

Flores de seda.

Formas redondeadas armoniosas.

Plantas con hojas redondeadas, suaves.

Aromas agradables.

Orden y limpieza.

Sonidos armoniosos.

Plantas a la entrada.

El Sha-Chi surge por:

Caminos largos y rectos.

Luz deslumbrante, fuerte.

Agua estancada, sucia, podrida.

Flores marchitas, hojas.

Ramos de flores marchitas.

Formas agudas, ángulos y formas cortantes.

Plantas con hojas puntiagudas.

Aromas desagradables.

Desorden y suciedad.

Sonidos desagradables, estridentes.

Recipientes de basura en la entrada.

▲ *Ba Gua: El espacio como prolongación del propio cuerpo.*

El Ba Gua: la prolongación del ser

El Ba Gua y los nueve campos vitales

Una oportunidad muy importante que nos brinda resultados muy valiosos es la exploración de la propia vivienda en relación con la distribución del Ba Gua. Traducida, la expresión Ba Gua literalmente significa "el cuerpo del dragón". En la lengua china, tan rica, los espacios son considerados como "prolongaciones vivas del cuerpo", cuyas partes individuales se deben armonizar cuidadosamente para que sea posible la salud, el bienestar y la felicidad. Así como las partes aisladas del cuerpo tienen diferentes funciones, el Ba Gua atribuye a cada sitio de la vivienda un significado propio y una tarea. Cada una de las ocho zonas externas es "habitada" por un ámbito vital mientras que el ámbito interior lo está por el Ser Interior, la personalidad y aquella energía que nos trae la vida y nos la conserva.

Cuando usted está sano y se siente bien y feliz, todas las zonas de su cuerpo y también el alma y el espíritu están en armonía mutua. De ahí que el Ba Gua explora cada una de las zonas individuales de una vivienda con el propósito de generar un equilibrio sano. El Ba Gua es un sistema muy útil para descubrir las carencias de nuestro sistema energético y para poderlas suplir. Puede ser de gran ayuda fortalecer la energía de sitios individuales o de rincones de las habitaciones, de tal forma que las metas vitales se puedan realizar más fácilmente. Sobre todo, es un método de ayuda para producir conscientemente un equilibrio armónico entre lo interno y lo externo.

El Feng Shui aconseja construir una casa o vivienda tan armoniosa y equilibradamente como sea posible. Con ello se va a asegurar que todas "las partes del dragón" estén equilibradas. Allí donde un apartamento o una habitación se separa de la forma ideal del Ba Gua y presenta carencias importantes, se debe procurar subsanar el desequilibrio en otra habitación, fortaleciendo o acentuando lo que haya que complementar.

Como es arriba es abajo y como es lo pequeño, así es lo grande

Así hablan las antiguas tradiciones de las leyes universales sobre las cuales se basa la estructura del universo. En China, grandes pensadores como Lao Tse y Confucio[7] se han ocupado de esas relaciones y sobre sus puntos de vista descansan tanto la religión china como la mayoría de sus leyes sociales. La base del pensamiento esotérico en Occidente son los "escritos herméticos" del mítico Hermes Trismegisto[8]. Él afirma que cualquier cosa pequeña y cada espécimen se refleja en las relaciones más grandes. Como es arriba así es abajo, así como es lo grande, así es lo pequeño. Lo que pasa en el macrocosmos también ocurre en el microcosmos, y al contrario. Este es un conocimiento que tanto la ciencia moderna de la astronomía como la bioquímica y la investigación atómica corroboran continuamente.

El biólogo celular y bioquímico Rupert Sheldrake produjo gran sensación con su

[7] Filósofo chino, 551-479 a. C.
[8] Padre original de la alquimia, quien debió vivir hacia el año 0.

tesis de los "campos morfogenéticos"[9]. En sus estudios e investigaciones probó que todo está interrelacionado. De manera invisible e inasible, pero comprobable, actúan las cosas mutuamente y se influencian unas a otras. Si sus sentimientos hacia una persona cambian, habrá un efecto sobre esa persona y la hará reaccionar de manera diferente aun cuando usted no haya dicho una sola palabra sobre el cambio de sentimientos. Lo mismo ocurre cuando usted dispone la vivienda de modo diferente y reorganiza determinadas zonas con símbolos y con la fuerza de sus pensamientos.

Dicho de otra manera: nuestra cultura, nuestra educación, nuestros pensamientos y sentimientos, nuestro patrón anímico y las estructuras de comportamiento, todo lo que somos y quiénes somos, encuentra su correspondencia en el mundo externo. Si se transforma una parte, por ejemplo, la vivienda, eso tiene inevitablemente efectos en otras partes del sistema y también en el comportamiento y/o la personalidad.

Visto así, su vivienda refleja la situación actual de su personalidad. Esto es válido también para la pareja, la familia, la salud, los amigos y las finanzas. A su vez se puede influenciar el entorno de la vivienda mediante el desarrollo personal, la salud y las actividades financieras.

Los símbolos y sus efectos

Cuando en el sitio de la riqueza (véase gráfico p. 42) usted amontona ropa sucia, entonces probablemente aumentará la cantidad de ropa sucia y el tema del dinero se volverá doloroso. Si no puede poner la ropa sucia en otra parte porque la conexión para la máquina lavadora está instalada allí, declare que el sitio para la riqueza de su vivienda o cuarto de trabajo es el punto central de ese ámbito de su vida.

Esencialmente, el Ba Gua consiste en observar cuidadosamente los correspondientes ámbitos de su vida y surtirlos con las energías convenientes, allí donde hasta ahora no han funcionado de manera satisfactoria.

En el ejemplo que dimos de la ropa sucia, también es posible crear un equilibrio fortaleciendo en una de las habitaciones o en varias, el ámbito de la riqueza. La forma más sencilla de lograrlo es colocando objetos o cuadros que para usted tienen un significado muy valioso y costoso, cosas que le transmitan una sensación de abundancia y opulencia. Estos pueden ser símbolos de buena suerte, un bonito recipiente con monedas, cuadros con cascadas o cualquier cosa que para usted tenga el significado de riqueza, bienestar y buena suerte.

Cuando orientamos la fuerza de los pensamientos y otorgamos significado a algo, las cosas que de por sí no tienen valor, adquieren una fuerza especial. Nosotros creamos los símbolos. Vivimos en un mundo lleno de símbolos. Nos servimos de ellos en los sueños, en el lenguaje y en nuestras conductas, aun cuando muchas veces no somos conscientes de ello. Los símbolos de energía están clavados profundamente en nuestro inconsciente; son comprendidos en todo el mundo y por toda la gente, sin importar su origen. Una sonrisa

[9] Según la cual se puede decir, a partir de una célula, cuál es la forma total del ser vivo a la cual pertenece.

abierta y una mano extendida son en general un símbolo de que el o los extraños son bien recibidos. Esto es válido para todos los habitantes de este planeta, desde los reductos de culturas de la Edad de Piedra hasta aquellos que están más orientados hacia el futuro y viven en las grandes metrópolis.

Otros símbolos son usados más bien en el ámbito religioso o cultural. Cada religión y cada sociedad poseen y desarrollan un repertorio de símbolos que representan sus valores y contenidos. Para los cristianos, la cruz se ha convertido en su símbolo más importante; el águila es un símbolo predilecto para representar la fuerza y el poder de un estado, y el símbolo de la marca Mercedes, representa en todo el mundo éxito, fama y seguridad.

Y naturalmente cada generación y cada persona individual tienen sus propios símbolos, que tienen para ellos un significado muy propio. Cada objeto, cada cuadro, cada canción cada gesto se puede convertir en un símbolo cuando se le otorga el correspondiente significado. Muchas parejas de enamorados tienen una canción, "su canción", y cuando la oyen recuerdan un sentimiento, un lugar y un tiempo que en su interior todavía está vivo y todavía los fascina.

Quizá haya en su vivienda una bandeja con frutas. En principio ella no es más que una bandeja con frutas. Si usted identifica la bandeja y las frutas que están ahí de manera muy consciente con la abundancia y opulencia de la naturaleza y las coloca en la esquina de la riqueza, cada vez que tome una fruta recordará consciente o inconscientemente la opulencia de la naturaleza. Es más, a partir de ahora ponga en esa bandeja solo frutas especialmente bellas, frescas, relucientes y habrá construido un símbolo de la abundancia de la naturaleza. Una simple bandeja con frutas se ha convertido en un símbolo pleno de significado.

Las tres puertas del Ba Gua

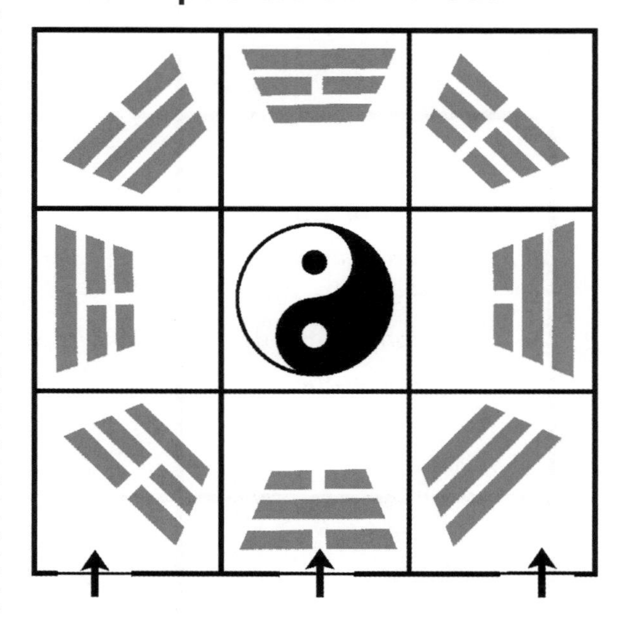

El Ba Gua se fundamenta en los ocho signos básicos de los trigramas del I Ching. En ese "libro de las mutaciones" se representan los pilares del universo a partir de los cuales se construye toda cosa viva. Con ese sistema, dependiendo de cómo se relacionen las líneas continuas, Yang, y discontinuas, Yin, se pueden representar y analizar todos los fenómenos de la naturaleza, las energías, los elementos y los ámbitos vitales.

– 4 – **Riqueza y fortuna** *Elemento:* madera *Color:* verde claro *Dirección:* tendiendo hacia arriba	– 9 – **Fama y reconocimiento** *Elemento:* fuego *Color:* rojo *Dirección:* tendiendo hacia arriba	– 2 – **Pareja y matrimonio** *Elemento:* tierra *Color:* amarillo / ocre *Dirección:* horizontal
– 3 – **Familia y salud** *Elemento:* madera *Color:* verde oscuro *Dirección:* tendiendo hacia arriba	– 5 – **Centro** *Elemento:* tierra *Color:* dorado *Dirección:* descansa en sí mismo	– 7 – **Hijos y fantasía** *Elemento:* metal *Color:* blanco / plateado *Dirección:* atrae hacia adentro
– 8 – **Conocimiento interno y aprendizaje** *Elemento:* tierra *Color:* amarillo/ocre *Dirección:* mirando hacia adentro	– 1 – **Carrera y vida** *Elemento:* agua *Color:* azul *Dirección:* fluyendo	– 6 – **Amigos que ayudan y apoyo** *Elemento:* metal *Color:* blanco / plateado / dorado *Dirección:* centrando hacia el interior

Los nueve ámbitos vitales

Todos los ámbitos Ba Gua están relacionados con un punto cardinal y un elemento. A partir de allí se identifican con los nueve ámbitos más importantes de la vida, que recorremos desde el momento de nuestro nacimiento hasta nuestra muerte. Y no solo una vez sino muchas veces en la vida y en diferentes etapas de nuestro desarrollo.

Estos nueve ámbitos vitales se ordenan en un octágono, alrededor de un centro, y constituyen la forma básica del Ba Gua (véase el cuadro de la p. 42).

Los 9 ámbitos vitales son:

1: Carrera y vida

2: Pareja y matrimonio

3: Familia y salud

4: Riqueza y fortuna

5: Centro

6: Amigos que ayudan y apoyo

7: Hijos y fantasía

8: Conocimiento interno y aprendizaje

9: Fama y reconocimiento

La doctrina del Feng Shui ha desarrollado dos sistemas Ba Gua. La "escuela de la brújula" determina exactamente los puntos cardinales que corresponden en el Ba Gua original a los trigramas. Este Ba Gua de la brújula es un sistema muy detallado que requiere un conocimiento muy amplio y una técnica más avanzada.

La otra escuela, la del "Ba Gua de las tres puertas", se abrió camino a través del Tíbet y, a través de él, hacia América y Europa. Es un esquema simple pero efectivo que cualquiera puede aplicar. El Ba Gua de las tres puertas prescinde de la brújula. La idea directriz es que el flujo de energía es determinado por los sitios donde se entra a la casa, vivienda o habitación, siempre permanece igual en su orientación y se determina por las puertas de entrada de la estructura correspondiente.

Allí donde está la puerta de entrada de la estructura de su vivienda se ubica la línea básica. En Occidente se ha propagado más por eso el Ba Gua de las tres puertas, porque para las personas interesadas es muy fácil de aplicar en la vivienda sin necesidad de conocimientos especiales de Feng Shui.

Este libro se refiere al Ba Gua de las tres puertas y en las siguientes páginas encontrará ayuda para aplicar el procedimiento de manera que le sea útil.

Cómo aplicar el Ba Gua en su vivienda

El esquema Ba Gua se puede aplicar tanto en en lo grande como en lo pequeño. Usted puede organizar su jardín, comparar la estructura de la casa o vivienda con el patrón, dividir una habitación en las zonas Ba Gua o emplearlo en su escritorio. La puerta de entrada marca la ubicación de la línea básica. Si se trata de una propiedad con un terreno alrededor, la línea básica se encuentra en la puerta del jardín. En la casa o el apartamento la línea básica se encuentra en la puerta de entrada. Y para el escritorio, se encuentra en el borde del mismo, delante de su asiento. Cuando hablemos de vivienda, las explicaciones también serán válidas para la propiedad con terreno a su alrededor, casas y pisos, apartamentos, habitaciones individuales, así como para la división del escritorio.

Son muy pocos los edificios y apartamentos ideales. La mayoría presentan fallas en su ambiente o abultamientos, o el espacio interior se divide de manera poco conveniente desde el punto de vista del Ba Gua. También la forma como la mayoría de la gente juzga su vida, se desvía con mucha frecuencia de su ideal. La mayoría de las personas cree que debería cambiar determinados aspectos de su vida, de manera que se pueda sentir mejor, más sana y satisfecha. La mayor parte de mi trabajo consiste en analizar las viviendas y, a partir de allí, aconsejar a los dueños para que puedan armonizar sus condiciones de vida, y trabajo con sus deseos, esperanzas y metas, aunque su vivienda y la distribución de las habitaciones no sean siempre óptimas. Por otra parte, el análisis de una vivienda mediante el esquema del Ba Gua se debe efectuar de manera muy cuidadosa y relacionando la sensibilidad con una situación específica. Como en todos los aspectos de la vida, aquí también la excepción es posible. En mis consejerías y seminarios veo realmente que una pareja tiene una relación armónica a pesar de que según las normas del Feng Shui en su vivienda el lugar de la pareja está más bien en una condición infortunada. O que las personas cumplen sueños y tienen éxito a pesar de que en su escritorio se acumulan trabajos y tareas sin terminar y que además su sitio de trabajo está mal ubicado.

El Ba Gua y el Feng Shui actúan, en general, porque se fundamentan en leyes universales y trabajan con ellas. A partir de esto, nosotros mismos tenemos gran influencia y poder sobre nuestra vida. No solamente las situaciones desfavorables en la vivienda llevan inevitablemente a la enfermedad, al estancamiento o a una relación de pareja conflictiva; en esto intervienen muchísimos elementos aislados que se influencian mutuamente. Pero una buena relación de pareja puede ser enriquecida aún más por un entorno que ha sido organizado adecuadamente.

El esbozo de la vivienda y el esquema del Ba Gua

En primer lugar necesita hacer un esbozo de la estructura de su vivienda. Si no tiene ya uno, dibújelo usted mismo. Si quiere dibujarlo en papel común o si lo prefiere en papel milimetrado es cuestión de elección personal, dependiendo de lo exacto que lo desee. Trate de imaginar su vivienda vista desde arriba y hágase una idea general. Evalúe la relación de los tamaños de las habitaciones y hágase una idea completa; luego haga un plano más exacto de su casa o apartamento.

Allí donde está situada la puerta, siempre es la línea básica, desde allí señale una flecha hacia los demás lugares. Si su casa o vivienda tiene varias puertas de ingreso, la más usada será considerada como "puerta principal". Si hay dos que se usan con igual frecuencia, determine usted cuál va a considerar como principal y haga allí la línea básica. Por lo general, se considera como entrada la puerta más destacada, la más vistosa, la más ancha, la más alta o la más grande.

Diseño cuadrado o rectangular

En Feng Shui los diseños cuadrados o rectangulares se consideran balanceados y, por tanto, óptimos.

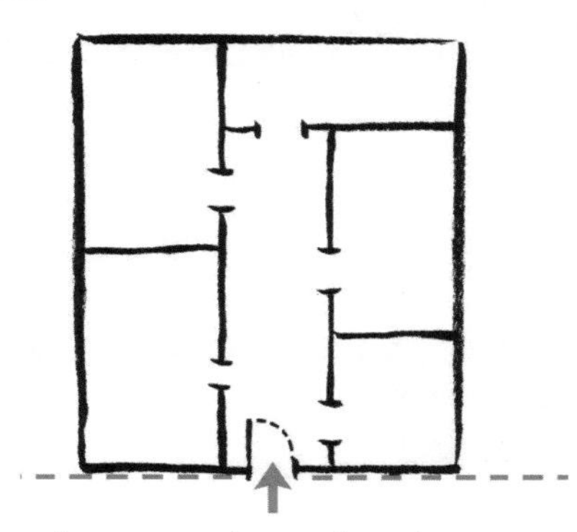

Gire ahora su plano de tal manera que la entrada quede abajo, sobre la línea básica. Esta línea es la base de cualquier ordenamiento posterior.

Traslade el esquema Ba Gua a su plano básico, subdividiendo a lo ancho y a lo alto el plano en tres grandes campos. Lo mejor es que lo haga utilizando una regla milimétrica. Enseguida trace líneas rectas a través del plano. Ahora usted tiene un esquema sobre su plano con nueve campos de igual tamaño, que resumen los ocho planos y el centro de los ámbitos vitales.

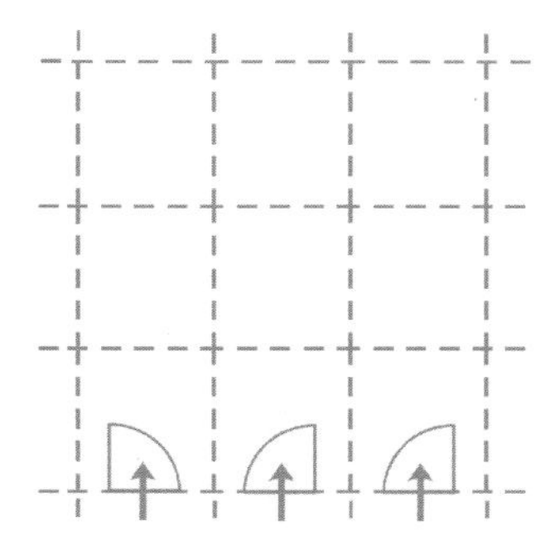

A partir de la línea básica, ubique los ámbitos vitales en su plano. Cuando haga esto no tiene ninguna importancia si la puerta está a la izquierda, en el centro o a la derecha de la línea básica.

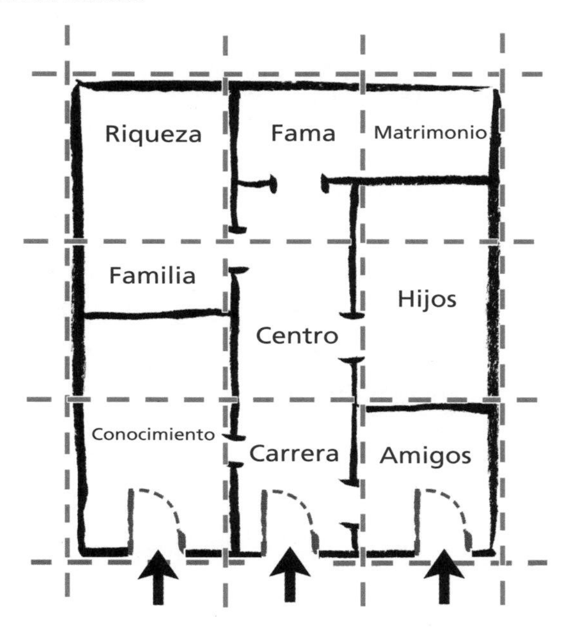

Diseño irregular

Una de las preguntas más frecuentes en mis seminarios es cómo aplicar el esquema Ba Gua al plano de una vivienda de formas irregulares. En las siguientes páginas se encuentran varios dibujos y descripciones que paso a paso llevan a la aplicación del esquema Ba Gua a espacios irregulares.

La principal confusión e inseguridad se presenta ante las preguntas: ¿cuándo una vivienda presenta un ámbito deficiente (representado en gris)? Y ¿cuándo una ampliación? (representada por líneas discontinuas). Esta pregunta se puede responder de manera muy simple.

Dibuje alrededor del plano irregular de su vivienda un cuadrado o un rectángulo según la forma que mejor se adapte a la de su vivienda. Se consideran como expansiones solo pequeñas construcciones, como semicírculos pequeños, mientras no se halle allí la puerta de la casa. Si la puerta se encuentra en una expansión o una ampliación, se debe dibujar el esquema cuadrado o rectangular de tal manera que el sitio de la puerta quede incluido en él.

Algunos maestros de Feng Shui, como mi maestra Eva Wong, no trabajan nunca con espacios muy fuertes sino con ámbitos deficientes.

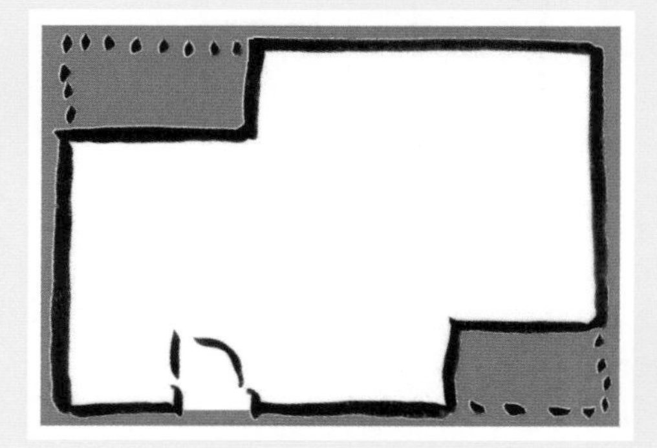

Dibuje el esquema siempre de tal manera que envuelva completamente el plano, a no ser que el plano tenga una pequeña curvatura o expansión que no incluya la puerta de la casa.

Algunas veces no es fácil decidir cuándo la expansión es benéfica o representa una falla en el ámbito. En general, es válido que solamente los sitios habitados se tengan en cuenta. Anexos, garajes y cobertizos no forman parte del esbozo de la casa. Si hay una ampliación o una falla del ámbito, se decide a partir del tamaño del sitio en relación con la casa. Las ampliaciones son solamente pequeños sitios.

Estos sitios que se destacan se consideran como expansiones útiles de la zona correspondiente. Por el contrario, los ámbitos deficientes siempre deben ser equilibrados. Las zonas ampliadas y, por lo tanto, fortalecidas no lo necesitan normalmente. Por el contrario, los ámbitos deficientes deben ser equilibrados con medidas adecuadas. En caso de dudas debe considerarse el sitio de la vivienda como un ámbito deficiente.

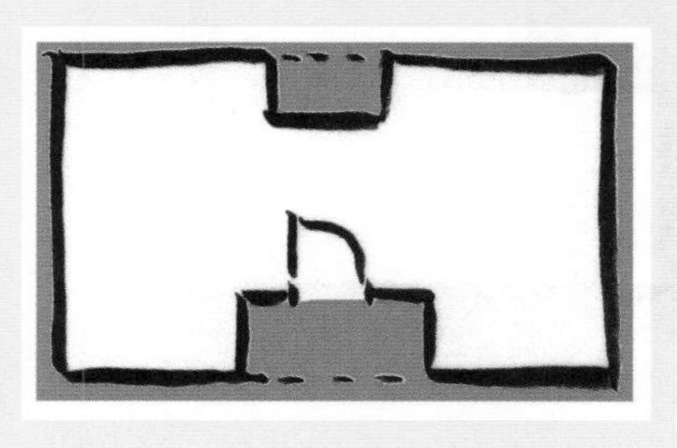

En seguida ubique la línea básica en relación con la puerta como en los planos regulares. Si la puerta no está sobre la misma línea que el resto de la casa sino que está más hacia el interior, guíese por las líneas cercanas para determinar la línea básica.

Divida ahora de nuevo el cuadrado o el rectángulo en campos de igual tamaño y ordene los ámbitos individuales del Ba Gua partiendo, como siempre, de la línea básica. El ámbito "carrera" siempre va en el centro de la línea básica; a la izquierda, va el ámbito "conocimiento"; a la derecha, el ámbito "amigos que apoyan". Aquí no se tiene en cuenta el ámbito donde se sitúa la puerta de la casa.

Ámbitos deficientes y su fortalecimiento

Después de que haya efectuado el trabajo básico con el esquema, se puede reconocer a simple vista cuál ámbito vital tiene carencias o cuál está fortalecido en su vivienda de manera total o parcial.

Si ve que en su casa o apartamento hay carencia en el ámbito de la pareja o de la riqueza, no entre en pánico. Tampoco tiene que mudarse enseguida para poder tener éxito en esos campos.

Los campos deficientes y también las expansiones simplemente señalan que el ámbito correspondiente debe ser considerado con mucha atención ahora. El campo deficiente señala que allí hay un reto o una tarea que hay que aprender y que se refleja en nuestro entorno. Usted puede reaccionar positivamente en la medida en que acepte el reto y crezca a partir de allí. Como consecuencia, se fortalecerá especialmente en ese campo vital. O por el contrario experimentará allí una serie de fracasos que la harán sentirse impotente.

Con la ayuda del Ba Gua se pueden reconocer esos campos deficientes y actuar con mayor conciencia sobre ellos. Solamente mediante el hecho de dirigir su atención hacia esos campos y llenarlos de energía positiva se puede cambiar mucho.

Una expansión, por el contrario, señala que hay un fortalecimiento y que se ha facilitado el correspondiente ámbito vital. Pero también aquí hay que tener en cuenta esto: se nos pueden brindar oportunidades y podemos acumular recursos, pero si no los empleamos efectivamente y no entramos en relación con ellos para nuestro bienestar, no nos van a servir de mucho ni nos traerán ventajas ni beneficios. Y por eso ocurre con frecuencia que alguien que tiene un campo deficiente en la riqueza gana más y tiene mayor suerte financiera que alguien que tiene una fortaleza en el ámbito de la riqueza.

Después de dar una conferencia sobre el Ba Gua, se me acercó una señora que estaba visiblemente alterada. En su vivienda faltaba por completo el ámbito de la pareja y el matrimonio. "Yo vivo desde hace veinte años en ese apartamento y desde hace veinte años estoy felizmente casada. Ese esquema Ba Gua no es correcto evidentemente". Yo le contesté que estaba casi segura de que ella le había dado mucha atención y dedicación a su esposo y que había dejado fluir mucha energía en su amor, con seguridad más que otras parejas, y que ese era el resultado de su esfuerzo. La señora se quedó pensando y asentía a lo que yo le decía. Al final estaba evidentemente tranquila.

Con sus ocho ámbitos vitales y con nosotros mismos como punto central, podemos emplear el Ba Gua como una especie de espejo con cuya ayuda podemos hacernos más conscientes de los papeles que desempeñan en nuestra vida estos diferentes aspectos. Él nos muestra cuáles retos están presentes, dónde es necesario prestar especial atención y si hay equilibrio entre todos los campos de la vida.

Ayuda para los ámbitos vitales

En mis seminarios cuento esta pequeña historia: imagínense que el Ba Gua es una casa y que en cada habitación vive un pequeño ser. Cada uno de esos seres representa un campo de su vida y tiene en esa casa un lugar fijo y seguro. Si a ese pequeño ser le hace falta su lugar adecuado porque no lo hay en la vivienda, él se sentirá inseguro y rechazado y por eso tratará de llamar la atención trayendo inquietud o fomentando la discordia.

Si le damos un sitio fijo en otra habitación fortaleciendo allí su ámbito, entonces él sabrá a dónde pertenece. Tan pronto el pequeño ser se da cuenta de que sí pertenece allí y que tiene un lugar seguro en la casa, se puede tranquilizar e integrarse armónicamente con el todo. Si hacen falta uno o varios campos en la vivienda, los podemos fortalecer en otro sitio y hacerlos presentes allí. ¿Qué tan exactamente y con qué medios se puede lograr?

Lea los siguientes capítulos dedicados a la región del Ba Gua. Por ejemplo, si en su vivienda hace falta el campo "conocimiento interno" ponga el esquema Ba Gua sobre su sala o el cuarto de trabajo y fortalezca allí los sitios correspondientes al campo con los medios adecuados. Esto se debe hacer cuando falte completamente un campo.

Si alguna parte grande o pequeña del campo está libre, puede fortalecerla. (Figura de la derecha)

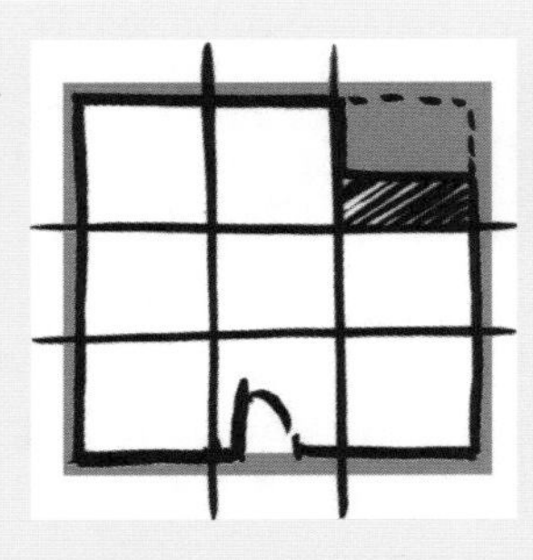

Los campos deficientes se pueden equilibrar visiblemente poniendo espejos grandes allí donde comienza el ámbito deficiente, de manera que se cree la impresión de que allí hay un espacio en lugar de un ámbito deficiente. (Figura de la izquierda)

Se pueden equilibrar fácilmente ámbitos deficientes dándoles espacio en otra habitación. (Figura de la derecha)

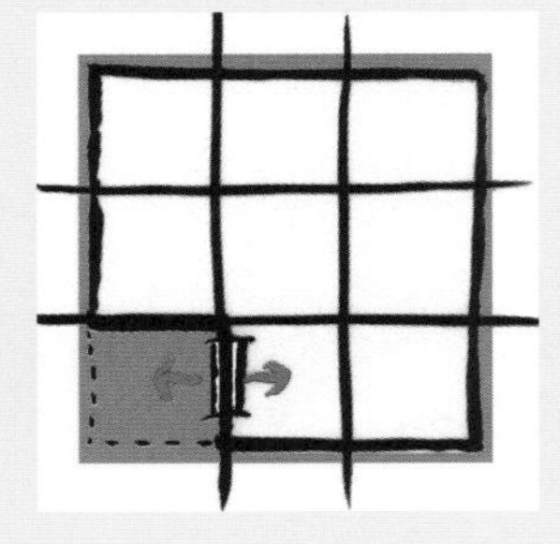

Cómo equilibrar los ámbitos deficientes

Básicamente, en la sala se pueden equilibrar todos los campos deficientes. Esto también se puede hacer en las demás habitaciones, excepto en el baño o en un depósito sin ventanas.

Sin embargo, es muy efectivo y adecuado fortalecer y proteger determinados campos deficientes en sitios relacionados entre sí. Por ejemplo, si el campo de la familia no está presente en el esquema, el comedor es el mejor sitio para activarlo. Los ámbitos "carrera", "conocimiento interno", "fama" o "riqueza" se pueden equilibrar y fortalecer en el estudio o sitio de trabajo de una manera óptima. Mientras que "pareja" e "hijos" encuentran un mejor sitio en el dormitorio.

Si usted habita en una casa larga en forma de 'L' puede suavizar los ámbitos deficientes haciendo como si el espacio exterior perteneciera a la casa. Una posibilidad puede ser destacar claramente el campo mediante tejas, una terraza, una pérgola y/o flores y plantas. Ponga una lámpara de jardín en la esquina de la zona deficiente o una escultura que represente el tema de ese campo. También se puede destacar el sitio mediante esferas que concuerden con el color del entorno.

Cómo trabajar con el baño

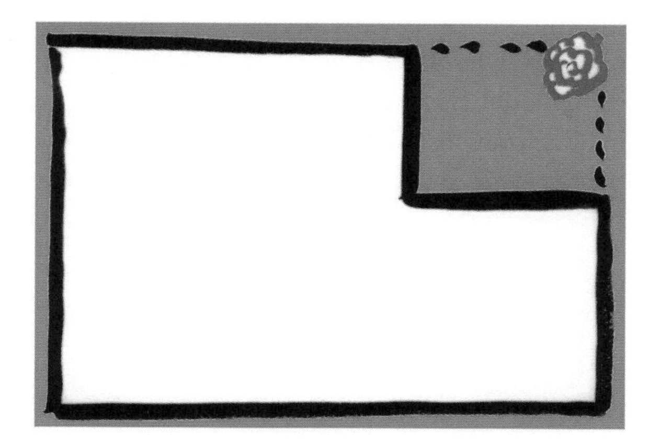

En mis consejerías trato el baño y el escusado como campos deficientes porque en esos espacios la energía se escapa muy rápidamente, debido a las descargas frecuentes de agua. Cuando el baño y el escusado ocupan todo un ámbito Ba Gua se debe fortalecer el tema en otro o varios sitios y equilibrarlo.

¡Quién querría lanzar su dinero o su suerte con la pareja por el desaguadero del inodoro o verlo escapar por el sifón! Cuando solo una parte del baño y el escusado ocupan el sector, se puede efectuar un fortalecimiento en la parte que queda.

Distribución de los ámbitos Ba Gua

En muy raros casos concuerda el plano de nuestra vivienda con la división de los nueve campos del Ba Gua. Lo más frecuente es que habitaciones aisladas reúnan dentro de sí dos o tres regiones Ba Gua. Esto no altera para nada el esquema del Ba Gua. Lo importante es que todos los ámbitos vitales estén presentes o que los deficientes sean equilibrados.

La manera como usamos los espacios no tiene que corresponder al esquema Ba Gua. Por ejemplo, el cuarto de los niños no tiene que estar necesariamente en el campo de los "hijos" y el dormitorio no tiene porqué estar en el ámbito "pareja". Para que actúe sobre la vida del habitante de la casa solamente tiene que estar en el esquema total de la vivienda el ámbito vital, el sitio donde realmente está, es secundario.

Pero si un Ba Gua está cortado por varios muros o hay un baño y el escusado, un depósito o una habitación sin ventanas, allí se estancará la energía. De la misma manera como equilibramos los ámbitos deficientes se deben equilibrar esas zonas en otros espacios y activarlos conscientemente. De igual manera, las habitaciones que se usan muy poco o que tienen una existencia poco amorosa se deben activar de manera similar, colocando plantas sanas, procurando una iluminación agradable y clara, entrando frecuentemente en ellas y, quizá, dándoles un nuevo uso.

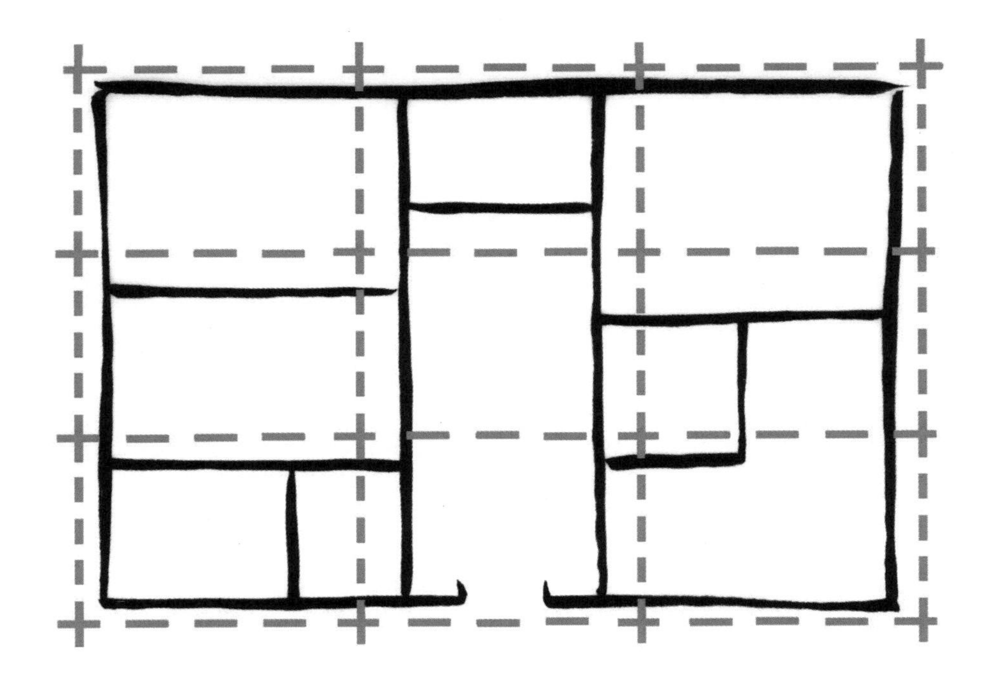

▲ *Un* luopan, *brújula tradicional china, es una imagen del cosmos y permite al que consulta encontrar el equilibrio de las energías.*

Los nueve ámbitos vitales

Ba Gua 1: carrera y vida

Para el primer ámbito Ba Gua se ha introducido el concepto "carrera", aunque otros conceptos como "camino de la vida", "corriente de la vida" o "desarrollo" lo describen también adecuadamente. Esa zona está en la mitad de la línea básica y se le atribuye el elemento agua. Así como un río surge de una fuente, fluye por terrenos montañosos y amplias praderas para finalmente unirse con el mar infinito, así también nuestra vida es un viaje desde la fuente hasta la desembocadura. En algún lugar, en medio de la vida, se encuentra usted ahora y esa parte de su vivienda muestra en qué estado se encuentra ese ámbito de su vida.

Un río puede correr bulliciosamente por parajes claros y amplios, abrirse paso con esfuerzo por estrechos cañones rocosos para luego fluir tranquilamente sin prisa. Puede fácilmente chapotear formando remolinos o ensuciarse y empantanarse por terrenos planos. Sus aguas se pueden congelar y formar témpanos de hielo o pueden evaporarse en forma de neblina. Como el río, nosotros nos movemos a través de toda la vida, cambiamos y nos desarrollamos. Como la corriente del río se adapta al entorno integrándose a él, así podemos entregarnos al flujo de la vida y progresar de manera más fácil.

Cada vez que nos ocupamos del camino de la vida nos vinculamos con este ámbito y debemos brindarle una especial atención. "Carrera" no significa solamente nuestro progreso profesional y la altura que alcanzamos en la escalera del éxito, sino también la forma como conformamos toda nuestra vida. Observe ese espacio en su vivienda como símbolo de la

expresión externa de la planeación de su vida y observe detenidamente cómo se presenta ante usted y los demás.

En el plano profesional se puede preguntar si su profesión es simplemente un empleo o si encuentra plenitud en ella porque siente que tiene vocación para realizarla. ¿Se siente fiel a sus valores más importantes?

En todo el mundo no hay nada más suave y adaptable que el agua, pero el agua también penetra la roca más dura, el agua no se deja detener por nada ni nadie y siempre encuentra un camino. Por ello, ese ámbito refleja la manera como uno se relaciona con los altibajos de la vida, si se adapta voluntariamente a su destino, si aun en situaciones difíciles desarrolla nuevas ideas, si toma en sus propias manos con ánimo y energía la planeación de su vida o si se pierde en un desorden caótico.

Si busca una visión de la vida o si quiere tener sus metas en la mira, este es el lugar ideal para poner símbolos que representen y apoyen el logro de lo que quiere.

Estímulos para la conformación

Este ámbito requiere colores suaves, claros y formas fluidas y flexibles. Una atmósfera de amplitud y delicadeza, la fragancia del aire fresco y un sentimiento de libertad debe inspirarlo tan pronto entre en ese ambiente. Ponga solo pocos muebles en ese lugar y tenga cuidado de que ningún obstáculo se interponga en la entrada ¿o quiere usted mismo bloquearse el camino?

Si la entrada de su casa está en el ámbito "carrera" le debe dar un especial cuidado, es la primera impresión que usted y sus visitantes reciben de su vivienda y con ella de usted. Con frecuencia alli hay zapatos, carteras, sombrillas y abrigos que quitan la visibilidad y obstaculizan la entrada. Retire todo eso y métalo detrás de la puerta o en la gaveta de algún armario. El camino para entrar en su vivienda o en su vida no debe estar impedido por obstáculos innecesarios o "piedras para tropezar".

Ayudas

En general, puede fortalecerse este ámbito con el color azul. Depende de su gusto si lo hace pintando las paredes de azul, si le pone cortinas azules, floreros o vasijas de ese color o le pone luz azul.

Todas las cosas que representan real o simbólicamente el elemento agua son una ayuda. Uno o varios cuadros que muestran arroyos o cascadas que fluyen, un bote en el mar, una vasija con agua renovada diariamente, le recordarán consciente o inconscientemente el tema de este ámbito. También un acuario o una fuente con un surtidor enriquecen el sitio, siempre y cuando el agua esté siempre limpia y fresca.

Otros elementos que ayudan en este sitio de la vivienda o de la habitación son cuadros que representan el camino de la vida, como el famoso laberinto de la catedral de Chartres, un camino serpenteante por un bosque o un camino que sube a la montaña desde donde se divisa un precioso paisaje.

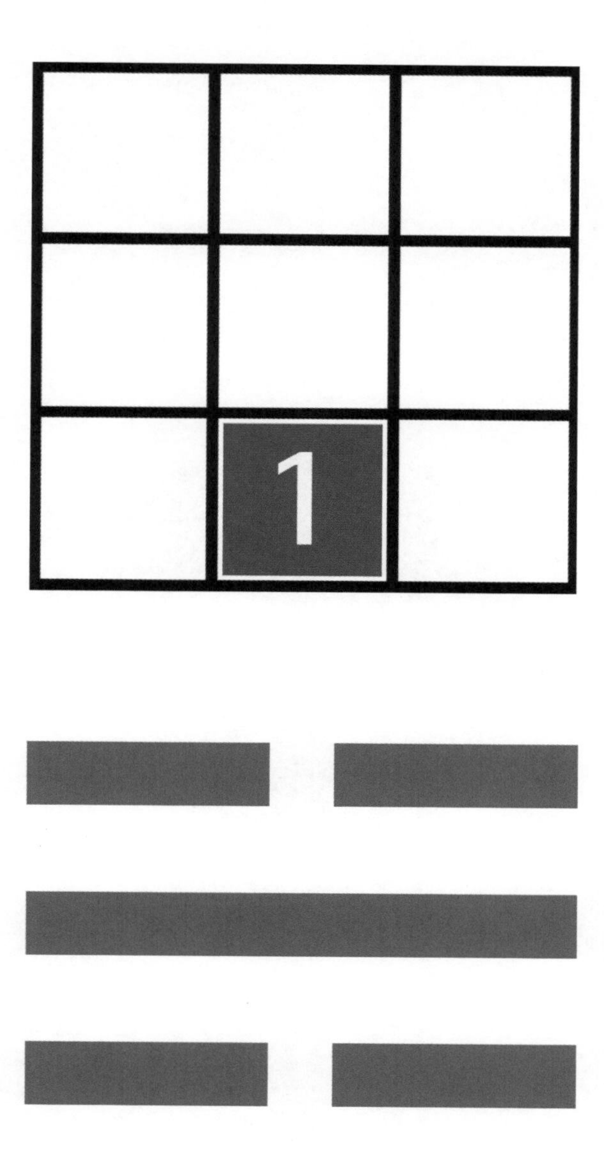

▲ *Ba Gua 1: carrera y vida*
Trigrama: Kan – Agua, también: Viaje

▲ *Klaus Holitzka, "El viaje de la vida". Mandala.*

Los cuadros de energía

Mandala

El radiante tono azul del fondo del cuadro fortalece el elemento agua, que induce la movilidad y la adaptabilidad en ese ámbito vital. Nuestro desarrollo en el transcurso de la vida es influenciado por todos los elementos de tal forma que podamos crecer a través de diferentes experiencias.

Simbólicamente recuerda este ámbito el famoso laberinto de la catedral de Chartres sobre el cual se basa este mandala que representa la riqueza de las vueltas que da la vida.

Aun cuando algunas veces se tiene la impresión de que la meta que parecía tan cercana se ha perdido y que hemos comenzado a caminar hacia atrás en lugar de progresar hacia delante, en el laberinto de la vida cada paso nos acerca a la meta porque el laberinto solo conoce ese camino, a diferencia de un jardín de confusiones.

Ba Gua 1:
carrera y camino de la vida

Trigrama:
Kan – Agua. Viaje

Elemento: agua

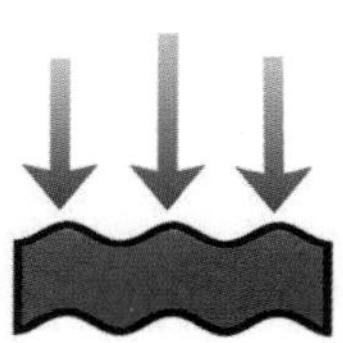

Color: azul

Esquema del laberinto que hay en el piso de la catedral de Chartes, en Francia. Este laberinto data de 1205, tiene 13 metros de diámetro y está compuesto por 11 círculos concéntricos. Es considerado la representación del viaje místico del hombre.

▲ *Klaus Holitzka,* El viaje. *Aguatinta.*

Aguatinta

En el lenguaje del alma, un caminante simboliza la idea de que somos solamente un huésped temporal en este planeta. Al final, nos fundimos todos en el gran Ser desconocido del cual surgimos al nacer.

Quien quiera recorrer conscientemente el camino de la vida hace bien deteniéndose de vez en cuando, tranquilizándose y reflexionando sobre su camino.

Nuestra vida no es una carretera planeada de antemano sobre la cual somos arrastrados por hilos invisibles hacia delante sino que, en gran medida, es una decisión consciente de hacia dónde nos dirigimos.

Muchas personas cargan a cuestas pesos superfluos y con ello hacen el viaje innecesariamente pesado.

Con un equipaje ligero se viaja mejor y no se tienen tantas dificultades.

Ba Gua 1:
Ba Gua 1:
carrera y camino de la vida

Trigrama:
Kan – Agua. Viaje

Elemento: agua

Color: azul

Quien no lleva
consigo el cielo,
lo buscará en vano
por todo el universo.

Otto Ludwig

Paisajes

El elemento de este ámbito es el agua y el "flujo" de la vida de hecho se representa aquí principalmente por medio del agua y del color azul.

El "camino" de la vida es otro nombre para este ámbito; es el dibujo de un largo peregrinaje por diferentes paisajes. A veces el camino es amplio y fácil de transitar, a veces asciende por la empinada montaña arriba y se hace pedregoso y angosto y luego vuelve a recorrer vías anchas por paisajes fértiles. Siempre se abren panoramas nuevos sorprendentes y, quizá, detrás de la próxima curva está el lugar con el cual siempre ha soñado o en el cual se ofrezca una inesperada oportunidad. Déjese sorprender por lo que se rebelará próximamente.

Ba Gua 1:
carrera y camino
de la vida

1

Trigrama:
Kan – Agua. Viaje

Elemento: agua

Color: azul

El agua suele representar salud, vitalidad y fuerza. Dada su importancia para la preservación de la vida, múltiples culturas la consideran como sagrada y la usan en ritos que por lo general involucran sanación y limpieza.

▲ *Ba Gua 2: pareja y matrimonio*
Trigrama: Kun – Tierra

Ba Gua 2: pareja y matrimonio

El ámbito "pareja" está siempre en la esquina superior derecha vista desde la línea base. El elemento de este campo es la "gran tierra", la fuerza receptiva acogedora de donde venimos nosotros y que nos provee todas las cosas que necesitamos para estar vivos.

Ningún ser humano es una isla aun cuando algunas veces estemos solos por gusto. Sin familia o relaciones nos hace falta una parte importante de la vida. Todos necesitamos alguien que esté cerca y comparta nuestras penas y alegrías.

En el ámbito "pareja" no solo se refleja la relación entre dos personas enamoradas sino también otros aspectos importantes, como las relaciones con los demás. El compañerismo, la relación de pareja, se da siempre que dos personas realizan una meta común y quieren alcanzar juntas algo. Con este ámbito vital se evocan todas las situaciones de la vida en las cuales dos personas se encuentran como iguales. Eso puede ser la relación de pareja o también de compañeros de trabajo o vecinos. La base de una pareja es la igualdad de ambos compañeros y también es inseparable de esto la atención y el respeto del uno hacia el otro. De tal manera que este ámbito evoca la comprensión y la atención hacia los compañeros durante toda la vida, los compañeros de trabajo, el prójimo y todo ser viviente que habite la Tierra.

Para la mayoría de las personas el deseo de una relación de pareja plena está en el primer lugar de la lista de todas sus metas. "El amor se satisface consigo mismo", se dice, pero estar enamorado y los sentimientos románticos no son suficientes para construir una relación duradera. Las parejas cuya transición de un enamoramiento ciego hacia una relación duradera de pareja ha sido exitosa siguen, consciente o inconscientemente, algunas reglas generales que mencionaré a continuación:

Un principio básico esencial es el equilibrio de los intereses opuestos. Como una planta durante su crecimiento extrae su alimento del suelo y se lo retorna en el otoño para recuperarlo en su próxima fase de crecimiento, de nuevo lo toma y de nuevo lo da, siguiendo un ciclo eterno, una relación de pareja sigue normas similares.

Si no hay un deseo de dar al otro algo y de tomar del otro algo, la relación permanece superficial y desvinculada. Una relación profunda y una compañía agradable requieren algo más. La compañía es una estructura frágil que debe ser alimentada y animada cada día. Solo se puede cosechar lo que se ha sembrado, cuidado y protegido con esmero.

Otro secreto de una pareja feliz estriba en respetarse mutuamente como semejantes iguales. Se aceptan tal como son. Porque cada cual es como la vida lo quiere y lo considera "correcto". El amor se expresa no cuando se quiere cambiar a la otra persona sino cuando se la quiere complementar. Ambos sienten que el uno puede dar al otro lo que le hace falta o lo que requiere.

Y cuando sea inevitable la separación, recuerde las cosas buenas. Deje pasar la ira y el dolor después de un cierto tiempo y acepte su parte de fracaso.

Con ello habrá progresado un buen trecho en el camino hacia una relación futura acertada.

Estímulos para la conformación

Como en ese ámbito confluyen varios aspectos es importante que se le dedique una atención especial. En primer lugar, se trata la relación con otra persona. Por eso retire todo objeto que tenga que ver con lucha, confrontación o disgusto o que le recuerde experiencias desagradables con otras personas. Si le gustan las plantas y los animales y los cuida con mucho agrado, este es un buen lugar para expresar que usted está dispuesto para otra persona y que ella o él pueden confiar en usted. Un sitio cómodo para sentarse en ese lugar puede indicar su deseo de cercanía, protección e intercambio con su pareja. Especialmente para las mujeres este es un buen sitio de descanso para llenarse de nuevas fuerzas, porque el elemento tierra corresponde al principio femenino. Naturalmente la habitación de la pareja está aquí muy bien ubicada y con seguridad una atmósfera íntima significativa beneficiará la relación.

Ayudas

Se puede arreglar y destacar el ámbito de la pareja con los colores rojo, amarillo y todos los tonos terracota, hasta el color durazno.

El rojo y el rosado son los colores del amor y fortalecen ese ámbito. Además, el fuego alimenta el ciclo de la alimentación (véase ilustración de p. 149) de la Tierra, de tal forma que desde las regiones inconscientes esos colores son avivados para fomentarlo. Pero use el rojo de manera moderada y cuidadosa porque mucho rojo puede hacerlo más bien agresivo en lugar de amoroso.

En ese ámbito colaboran todas las cosas que encarnan el amor, el compañerismo y la comunidad. Básicamente puede emplear todas las cosas con las cuales usted asocia sentimientos de amor y cariño entre dos personas. Pueden ser cosas puestas de a dos como dos cojines rojos, velas, rosas, figuras o flores; aquí no se le pone un límite a la fantasía. Si quiere fortalecer el elemento tierra porque a su relación le hace falta mayor firmeza, ponga vasijas de barro o cerámicas y piedras naturales. Un cuarzo rosado en ese campo fortalece la energía del corazón.

Cuelgue un cuadro con dos árboles firmemente arraigados. Los cuadros con pares pertenecen a este lugar así sean personas, flores o animales. Allí se debe expresar que cada uno es un ser autónomo unido por amor y la armonía. También las fotos o pinturas suyas con su pareja pueden colocarse allí.

Pero tenga cuidado: si vive solo ahora y desea una nueva relación de pareja no se debe conservar allí ningún recuerdo de relaciones y tiempos pasados. Libérese del ayer y reemplácelo por cosas que señalan hacia el futuro.

▲ *Una puerta tradicional china pintada de rojo para atraer la buena suerte y alejar los malos espíritus.*

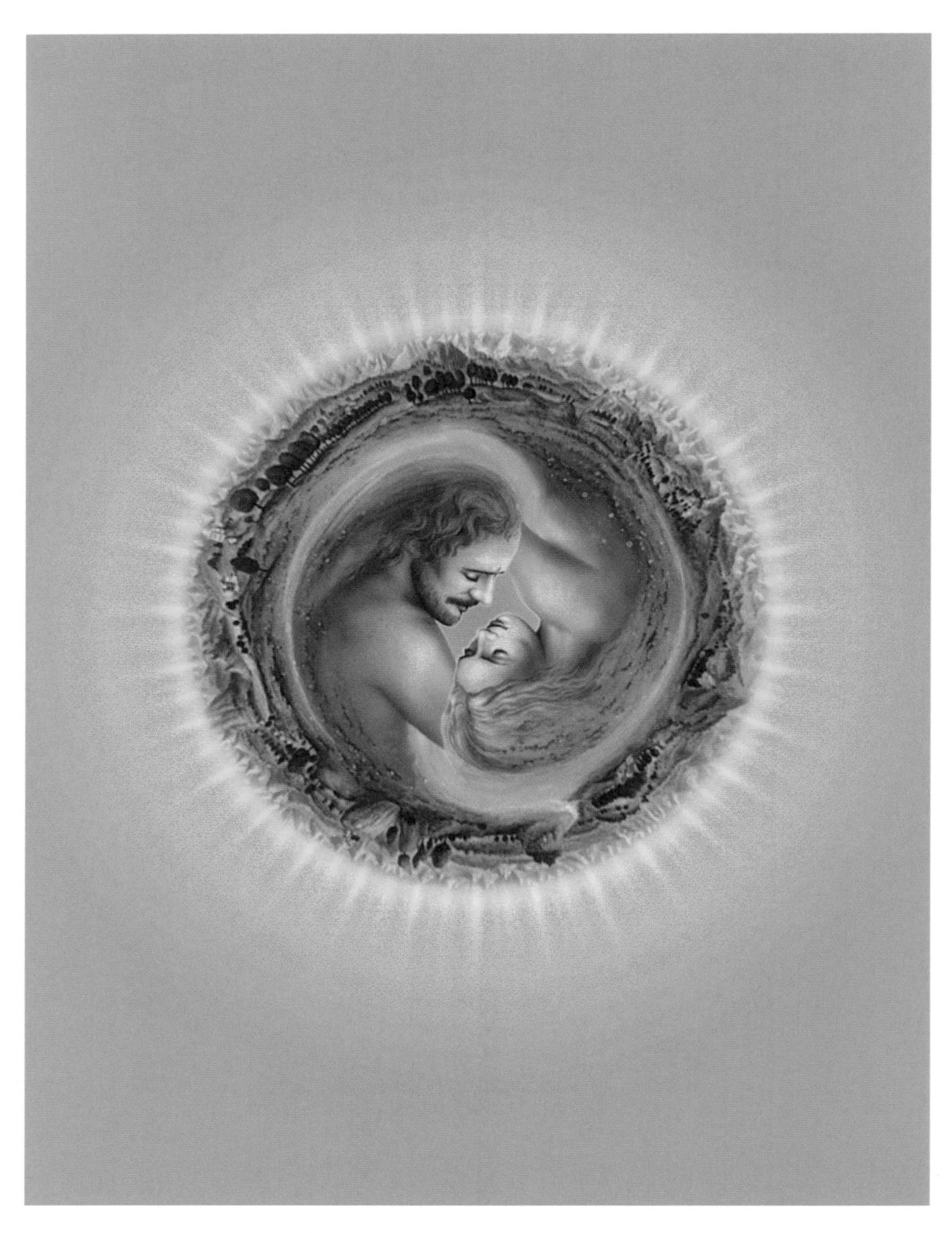

▲ *Klaus Holitzka,* En compañía. *Mandala.*

Los cuadros de energía

Mandala

Este mandala fortalece el plano energético mediante el color ocre del fondo, porque esta zona del Ba Gua está regida por el elemento tierra. El motivo es la Tierra como madre, que recibe la semilla del principio masculino, le da su fuerza nutritiva y hace que todas las cosas crezcan.

Una antigua leyenda cuenta que el hombre y la mujer originalmente eran una esfera completa. Un día un dios celoso los cortó en dos partes; desde entonces el hombre y la mujer están llenos de una profunda nostalgia por su otra mitad.

En este mandala los dos se han encontrado y continúan juntos el viaje de la vida.

Ba Gua 2:
pareja y matrimonio

2

Trigrama:
Kun – Tierra

Elemento: tierra

Color: amarillo, ocre

Algunas culturas indígenas de los Andes consideran a la Pachamama como deidad madre. Representa la Tierra como un todo y se la reverencia también como diosa de la fertilidad. Como costumbre, antes de alguna fiesta, se riega un poco de licor como invitación y para atraer la felicidad.

▲ *Klaus Holitzka,* En compañia. *Aguatinta.*

Aguatinta

El amor descansa en el respeto mutuo y la responsabilidad. Si quiere conservarlo, debe ir más allá de la etapa del cariño.

En el camino de la vida la pareja es la segunda estación después de la infancia antes de que, quizá, nos decidamos por la tercera estación, la fundación de una familia.

Aun cuando esa pareja está representada de una manera tan sencilla y estilizada, se puede percibir que las dos figuras se inclinan amorosamente la una hacia la otra y que sienten un gran interés mutuo. Lo que estas dos figuras expresan en una forma tan simple y llana es el núcleo de este ámbito de la vida.

Cada mirada a esta imagen le puede recordar en el futuro una frase sabia y simple sobre el amor como la que se ofrece a continuación:

Ba Gua 2:
pareja y matrimonio

Trigrama:
Kun – Tierra

Elemento: tierra

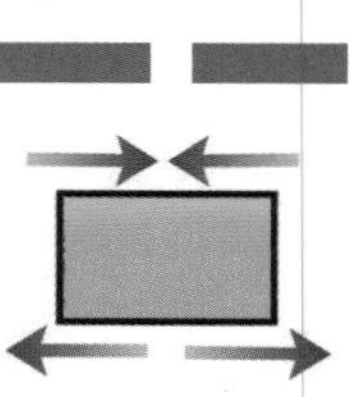

Color: amarillo, ocre

El amor es la decisión
de aceptar la totalidad
de una persona, no importa cuáles
sean sus particularidades.
Otto Flake

Paisajes

Dos árboles son un bello símbolo de una relación bien lograda: Cada uno crece de manera autónoma y fuertemente arraigado en la tierra hacia el cielo. Y aunque más tarde sus ramas se toquen y crezcan entrelazándose y aun cuando sus hojas se muevan acercándose entre sí, siguen siendo seres autónomos. Están juntos pero no crecen en sombras recíprocas. Dejan que el aire dance entre ellos y comparten el alimento de la tierra.

Y claro, cada cual tiene su propia copa y respeta la diversidad del otro.

Ba Gua 2:
pareja y matrimonio

2

Trigrama:
Kun – Tierra

Elemento: tierra

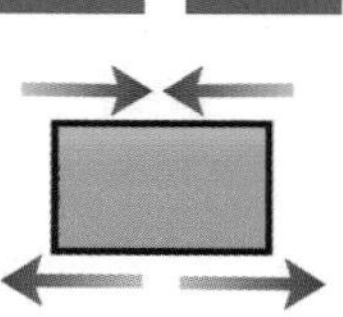

Color: amarillo, ocre

Una forma de incluir objetos que representan la naturaleza en nuestros hogares es a través del arte del *Penjing* que se diferencia del bonsái por el tipo de semillas y de árboles miniatura. El *Penjing* tiene como objetivo capturar la esencia del espíritu de la Tierra.

Penjing de la colección del Museo Nacional del Bonsái. Sus raíces crecen sobre una roca y su follaje y tallos están recortados para asemejar un dragón. ▶

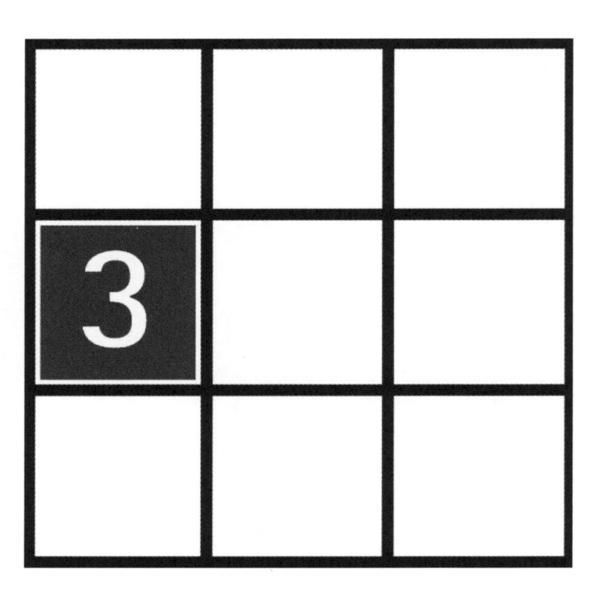

▲ *Ba Gua 3: familia y salud*
Trigrama: Chen – Trueno

Ba Gua 3: familia y salud

La tercera estación a través de su vivienda es el ámbito de la "familia y la salud". Está en la mitad izquierda desde la línea básica y aquí se halla el elemento "gran madera". Representa la fuerza que al comienzo de la primavera trae nueva vida y hace crecer.

Ese campo refleja nuestra actual situación familiar y también nuestro arraigo familiar. También representa nuestra salud y la fuerza interna que vive en nosotros. Como allí se construye el futuro sobre los cimientos del pasado, vale la pena observar atentamente este ámbito de su vida. Por una parte, muchas cosas pueden acechar ocultas desde aquí y, por otra, aquí hay una fuente de fortaleza que puede enriquecer en gran medida su vida.

En nuestra sociedad moderna no se tiene en especial aprecio el culto a los padres y a los antepasados. Por el contrario, en todos los pueblos naturales y en la tradición china, el respeto por los ancestros y la gratitud por habernos dado la vida, y humildad ante el destino, son todavía parte de la vida cotidiana. Aunque seamos muy progresistas esos valores tienen un gran significado.

Desde el comienzo del tiempo todos hemos nacido como hijos o hijas de una madre y un padre quienes, a su vez, son hijos e hijas de madres y padres. Cada uno de nosotros ha nacido dentro de un sistema familiar y es influenciado por el destino y las circunstancias de sus parientes.

Aun cuando esas circunstancias quieran ser eliminadas, quien no respeta ni ama a sus padres tampoco se acepta a sí mismo ni puede ser feliz. Se asemeja a un árbol que quisiera más bien crecer sin raíces hacia el cielo.

Para respetar a su familia y reconocer las propias raíces, no tenemos que encontrar bueno todo lo que los padres y abuelos hicieron y han dejado tras de sí. Quien haya sido golpeado física o espiritualmente, abusado o abandonado tendrá dificultad de aceptar esto y respetar a sus padres.

El secreto radica en separar lo que ellos son en lo más profundo de su ser, portadores de la energía de la vida. Vea a sus padres y lo que ellos eran y observe claramente que de ellos recibió el más preciado regalo, la vida. Sin sus antepasados, abuelos y padres usted no existiría.

Estrechamente unida a la familia está nuestra salud física, anímica y espiritual. La fuerza para manifestarse según su propio criterio y dominar las exigencias de la vida, depende, en gran medida, de qué tan saludable y vigoroso se encuentra y cuánta energía puede emplear para ello. También aquí vale la pena observar con mucha exactitud lo que usted fue un día y lo que es hoy.

De allí se refleja la forma en que nos relacionamos con las jerarquías y de qué manera nos integramos en sociedad. Cuando no sabemos cuál es nuestro lugar dentro de la familia, tampoco sabremos cuál es nuestro lugar en la vida profesional y social, lo que nos traerá dificultad para adaptarnos y comportarnos adecuadamente. Sentirse muy "pequeño" o demasiado "grande", no tomar ninguna responsabilidad o asumir demasiadas, son efectos típicos de esto.

Estímulos para la conformación

Cuando tenga problemas con su familia o cuando sus relaciones con sus superiores y profesores sean tensas, debe dirigir especial atención a esa parte de su vivienda. Cuando tenga problemas de salud es muy importante conformar esa parte en cada habitación de manera clara y amistosa. El ámbito debe ganar considerable fuerza en cada habitación mediante plantas sanas. Pero tenga cuidado de retirar inmediatamente las hojas marchitas y de retirar las plantas enfermas de allí. La flores cortadas pueden estar allí mientras se mantengan frescas y vitales. Aun cuando no se vea el agua dentro del florero cámbiela diariamente así como el agua de los cuencos. Las ramas secas no se deben colocar allí ni tampoco conservar.

Ayudas

Las fotos de familia y los cuadros de los antepasados son un medio muy adecuado para hacerse más conscientes de su origen y sentir más la pertenencia a su clan. Ponga atención en el hecho de que allí debe haber un orden visible. Si quiere colgar fotos de sus abuelos y padres debe colocarlos un poco más arriba de la altura de los ojos. De esta manera usted los mira hacia arriba y casi automáticamente se genera un sentimiento de respeto y dignidad. Como en un árbol genealógico puede sugerir la secuencia de las generaciones de manera visual. De esta forma, la jerarquía y el orden de la familia se hacen visibles; además, la pertenencia y las responsabilidades son claramente delimitadas.

Pero si usted tiene conflictos con sus parientes o están en abierta discordia es mejor que se remita a dibujos simbólicos que expresen su deseo de pertenencia y armonía y de relaciones afortunadas sin exponer sentimientos que los estorben.

Además puede enriquecer estos sitios con plantas sanas y frondosas y flores que hagan crecer la energía. También fuentes con frutas exóticas o familiares, bandejas o canastas con verduras tentadoras que abran el apetito así como su consciencia de un cuerpo sano. Básicamente se debe tener en cuenta que esos lugares los puede llenar con objetos que representen para usted vida, salud y crecimiento.

Una vez yo aconsejaba a un hombre mayor que sufría de una forma especial de asma y desde hacía varios meses esperaba en vano ser admitido en un hospital. Le recomendé que tuviera siempre un ramo de flores frescas en el sitio de la salud. A los pocos días recibió la noticia de que había un puesto libre en un hospital. ¿Estaría libre ese puesto si no se hubieran puesto las flores?

En caso de problemas de salud hay que mencionar aquí que cada persona, según el Feng Shui, pertenece a un determinado punto cardinal, que aumenta su fortaleza y su salud. Hay algunos libros de Feng Shui que se ocupan de esto y que ayudan a determinar esas direcciones para cada uno. En caso de problemas graves se debe, sin embargo, consultar con un experto que tenga sabiduría y mucha práctica.

▲ *Una costumbre católica muy difundida es la de tener en casa un cuadro de la Sagrada Familia.*

Angelo Bronzino, óleo sobre papel, alrededor de 1550, actualmente en el museo Kunsthistorisches Museum, en Alemania. Sagrada familia con Santa Ana y Juan Bautista. *Fuente: Yorck Project.*

▲ *Klaus Holitzka,* Familia. *Mandala.*

Los cuadros de energía

Mandala

Este mandala irradia hacia afuera el fuego interno de la energía plena de la vida. Así se transforman los colores y las formas, los estados de la energía cambian y, sin embargo, siempre permanecen interrelacionados con todo.

El color y los símbolos del mandala corresponden a las secuencias de los chacras. Desde el rojo fuego del chacra fundamental en el centro, hasta el violeta del chacra coronario se despliega toda la gama del desarrollo humano.

Mediante el fondo verde se destaca el aspecto madera de este ámbito en el campo de los elementos.

La poderosa paleta multicolor del cuadro representa las bases diversas mutuamente relacionadas de la salud física, espiritual y anímica.

Ba Gua 3:
familia y salud

Trigrama:
Chen – Trueno

Elemento: madera

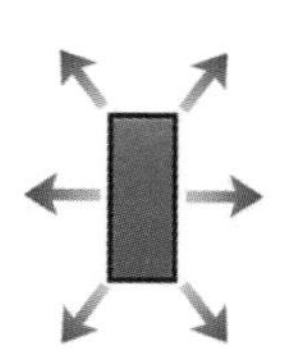

Color: verde oscuro

Los centros de energía del cuerpo

El chacra fundamental está en el pubis, el chacra del ombligo, en el estómago; el chacra del plexo solar, directamente debajo de la punta del esternón; el chacra del corazón, en el centro del esternón; el chacra de la garganta, en la laringe; el chacra de la frente/tercer ojo, en el centro de la frente y el chacra coronario en el centro de la parte superior del cráneo.

▲ *Klaus Holitzka,* Familia. *Aguatinta.*

Aguatinta

En el I Ching, el libro antiguo de la sabiduría china, se lee:

"Cuando el esposo es esposo y la esposa es esposa, cuando el padre es un verdadero padre y el hijo es un hijo, cuando el hermano mayor desempeña su función como hermano mayor y la hermana menor como hermana menor, entonces el clan está en orden; si el clan está en orden entonces todas las relaciones entre las personas están en orden".

Una familia, un sistema y nuestro cuerpo están sanos cuando todas las partes desempeñan su función y realizan sus tareas en bien del conjunto.

Ba Gua 3:
familia y salud

3		

Trigrama:
Chen – Trueno

Elemento: madera

Color: verde oscuro

El trueno designa el sonido producido por un rayo al caer a tierra. En la mitología china *Lei Gong* (Duque del trueno) lleva en sus manos un martillo y un cincel. El trigrama Chen es símbolo de crecimiento y movimiento que, como el rayo, agita la energía y anima los cambios.

Paisajes

Un árbol representa el elemento de la madera que crece y corresponde a ese ámbito vital. El verde es el color que se le atribuye porque fomenta y fortalece el plano de los elementos.

Desde tiempos antiguos un árbol fuerte ha sido un símbolo poderoso de salud y familia. Sus raíces entran profundamente en la tierra, el tronco es como una columna vertebral fuerte y la copa crece hacia el cielo.

Nadie puede determinar dónde penetran las raíces del árbol de su vida. Si cayó una semilla en la pendiente estéril de una montaña azotada por el viento, en una llanura lejana seca o en un jardín del edén. En cualquier lugar que caiga la semilla y germine, allí sembramos con todo nuestro amor y fuerza las raíces. Observe su árbol genealógico. Allí tiene usted un lugar y en ese lugar crece su árbol hacia lo alto, hacia lo ancho y hondo.

Ba Gua 3:
familia y salud

3

Trigrama:
Chen – Trueno

Elemento: madera

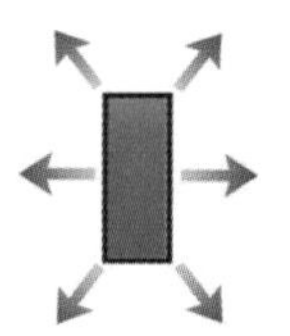

Color: verde oscuro

En la mayoría de las culturas el verde simboliza naturaleza, aire libre e incluso prosperidad y fertilidad. En la actualidad también se refiere a la práctica ecológica que algunas empresas quieren visibilizar considerándolos "productos verdes". En otros contextos se refiere a la inmadurez e incluso a la envidia.

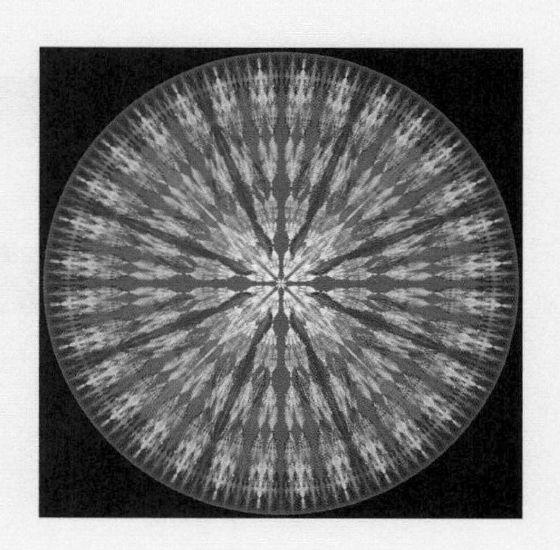

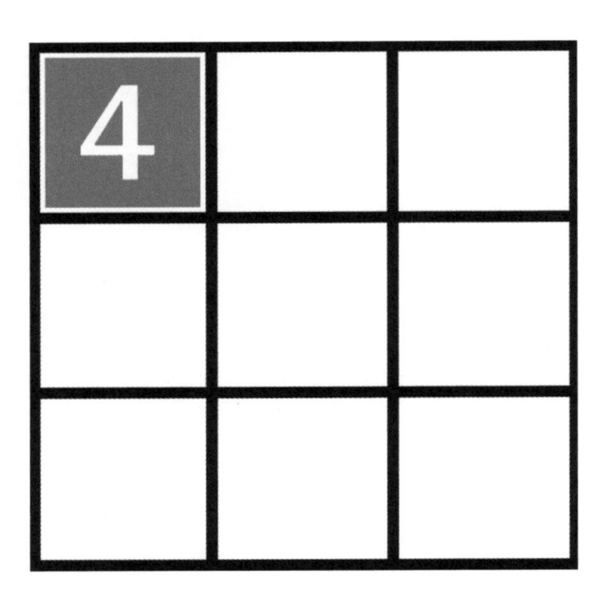

▲ *Ba Gua 4: riqueza y felicidad*
Trigrama: Sun – Viento

Ba Gua 4: riqueza y felicidad

El cuarto ámbito, el ámbito vital de la riqueza interna y externa, la fortuna y el bienestar, se halla en la esquina superior izquierda del campo visto desde la línea base. Este elemento pertenece al elemento "pequeña madera", la primavera tardía, cuando la naturaleza ofrece la plenitud de la vida con el verde fresco y la belleza exuberante de las flores alegrando los ojos y el corazón. Un tiempo en el cual surge nueva vida, el sol cada día calienta un poco más y el aire se llena con los alegres trinos de los pájaros.

El viento, el símbolo de la riqueza, sopla sobre la tierra y lo mueve y lo toca todo. Él lleva las semillas por el aire y con ello garantiza la fertilidad y las cosechas futuras. Cuando las personas piensan en la riqueza y la fortuna se imaginan ganarse una lotería, un ingreso alto o la satisfacción de las necesidades materiales. No hay que objetar nada a esto. En un mundo donde el dinero tiene un alto valor y satisface muchas necesidades, el aspecto financiero conlleva un gran significado. Al fin y al cabo, transmite la sensación tranquilizante de que se pueden suplir todas las necesidades de la vida y hacer lo que nos agrada y llenar nuestros deseos.

No podemos vivir sin dinero y la pobreza es una limitación que nadie busca. Mire a su alrededor: la naturaleza es bendecida con abundancia y riqueza y está a disposición de todos. Aun cuando el dinero se presente como monedas, billetes, cheques y talonarios de cuentas bancarias siempre es lo mismo, energía que fluye. Brindemos a esa energía un hogar en nuestra vivienda; para eso está ese ámbito en el Ba Gua.

Pero desde luego la riqueza y la fortuna real son algo más. A partir del bienestar material hay una sensación de riqueza interna, de satisfacción con la propia vida y de sentirse protegido en el universo. Es un don abandonarse a un sano sentido de la propia valía y encontrar el sentido de su vida. Es rico quien ha descifrado el secreto de la riqueza interior y exterior para sí mismo.

Como el viento de primavera esparce abundantes y ricas semillas por la tierra y las lleva a todas partes para que se abran y estén listas para brotar, así fluye la energía de la riqueza por todo el universo; todos somos tocados por ella diariamente. En cada momento se dan pequeñas y grandes oportunidades, regalos y nuevas posibilidades que pueden agarrarse con ambas manos si las percibimos. Por eso se llama este ámbito también "La bendición de la riqueza opulenta".

Si fortalece el ámbito de la "riqueza" ese es un recordatorio de que tiene derecho a la riqueza y la opulencia del universo. Deje que esa energía fluya en su vivienda cargando la esquina de la fortuna con energía.

Estímulos para la conformación

Este sector o los rincones de la riqueza en otras habitaciones deben merecer una gran atención si está escaso de bienes materiales. El dinero es una fuerza valiosa en nuestro mundo y todos debemos relacionarnos con él, ya sea que lo poseamos en abundancia o que debamos luchar diariamente por él. Quien ha sido bendecido con riqueza financiera quizá eche de menos la riqueza interna. Otros son sanos, viven en paz interior pero su campo financiero deja mucho que desear.

Todo lo que ponga en esa habitación o en ese espacio de su escritorio debe representar simbólicamente opulencia y riqueza y parecerle a usted precioso y valioso.

Aun cuando sean solo símbolos, cada vez que los mire deben recordarle que usted tiene derecho por naturaleza a la riqueza y a la opulencia. Esto es tan obvio como que el aire fresco circula por cada rincón de la casa si no lo limitamos con paredes, ventanas y puertas.

Ayudas

Aquí es importante colocar todos los objetos que le recuerden la riqueza interior y exterior, la fortuna y la opulencia.

Las ayudas clásicas del Feng Shui para este ámbito son símbolos en los cuales se expresan la riqueza y abundancia de la naturaleza. Una carga fuerte de energía se puede crear mediante plantas, agua, caídas de agua o fuentes con surtidores para interiores y acuarios, porque en el ciclo de la alimentación (véase ilustración de la pág. 149) agua y madera nutren. Los acuarios con peces dorados se consideran en la China como especialmente adecuados para cuidar este campo; por eso en casi todos los restaurantes chinos hay acuarios. Pero cuidado, es necesario tener en cuenta que solamente el agua clara y limpia cultiva este campo y atrae el Chi de la fortuna. Es importante que le ponga atención a la limpieza y frescura del agua.

Las fuentes de cristal bellas y recipientes bonitos vacíos, según el Feng Shui, atraen el Chi y la riqueza material y también un recipiente con monedas o símbolos de fortuna, salud y riqueza sirven para este fin. Esferas pequeñas de cristal en todas las esquinas de la vivienda también son buenas ayudas para recordar que la riqueza interna y externa le pertenecen por derecho natural.

También son símbolos perceptibles de riqueza las plantas de tallos finos como el bambú y el papiro porque materializan el crecimiento abundante. Como la más leve brisa los pone en movimiento, atraen así el Chi.

En nuestra cultura el trébol de cuatro hojas, la herradura, las figuras de deshollinador y la oronja (un hongo europeo) se consideran de buena suerte. Y todo lo que a usted se le ocurra que trae fortuna y que sea símbolo de riqueza úselo para decorar la habitación o la esquina correspondiente. Cada vez que dirija allí su mirada recuerde que una vida sana y la riqueza le corresponden tanto como el aire para respirar.

Con frecuencia ocurre que nos revolotean cuentas inesperadamente altas, facturas y otras contrariedades financieras en la casa. Decore con flores frescas la esquina de la riqueza donde está su escritorio, encienda un pebetero con aromas y cargue de energía fresca ese ámbito. Así atraerá un acontecimiento inesperado que trae una sorprendente bendición financiera con la cual podrá sortear las dificultades que surgieron. Trabajar con el Ba Gua y el Feng Shui es un proceso ilimitado. Los cambios continuos de nuestra vida requieren una permanente atención y renovación de lo que se tenga.

▲ *En algunos lugares de la casa se acostumbra tener una estatuilla de Buda que ríe. Dependiendo de la forma y objetos que tenga en su mano, funciona como amuleto para atraer prosperidad. Aquí el Buda de la riqueza sostiene en sus manos una olla tipo* Ru-yi *que recibe la abundancia del universo.*

▲ *Klaus Holitzka,* Riqueza. *Mandala.*

Los cuadros de energía

Mandala

La naturaleza otorga con generosidad y abundancia sus dones opulentos. Ella no se los niega a nadie. Viento, aire y agua, la luz del sol y los frutos de la tierra. La naturaleza no hace diferencias entre ricos y pobres, animales o personas, dignos e indignos, todos tienen derecho a aprovecharlos y usted también.

Permítase entonces tomar toda la riqueza y fortuna de este cuerno de la abundancia que es el universo; tome tanto como pueda agarrar. Permítase ser feliz y tener bienestar para disfrutar una vida plena, ese es su derecho natural.

Ba Gua 4:
riqueza y fortuna

4		

Trigrama:
Sun – Viento

Elemento: madera

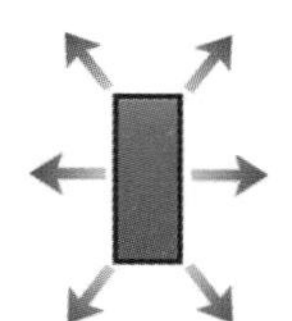

Color: verde claro

Este amuleto tradicional chino atrae la prosperidad. No es necesario que sea hecho con monedas chinas, cualquier moneda u objeto que represente riqueza puede ser atado y convertido en amuleto, recuerde ponerlo en sus libros de contabilidad, en su caja registradora e incluso en su billetera.

▲ *Klaus Holitzka,* Adundancia. *Aguatinta.*

Aguatinta

En la cultura asiática el bambú goza de gran prestigio. Desde el sur subtropical hasta el norte, que es helado en el invierno, crece abundantemente. Por ello en todas partes se lo considera como una imagen natural del crecimiento rápido y próspero.

Casi ninguna planta se puede utilizar de maneras tan diversas como el bambú: como verdura, como materia prima para casi cualquier objeto útil o como material de construcción, para cañerías, casas e incluso edificios. Donde crece el bambú hay provisiones para la vida. Cualquier brisa, aún la más leve, mueve sus tiernas hojas y ramas y sin embargo no pueden quebrarlo ni la tempestad más violenta ni la nieve más pesada

Él se adapta flexiblemente a los cambios del tiempo y se yergue orgulloso y elegante en todo momento. Muestra una alegría serena y se pliega ante las tormentas de la vida sin quebrarse. Su extraordinaria capacidad de adaptación, su belleza y sus hojas siempre verdes han convertido al bambú en el símbolo de una vida rica y plena.

Ba Gua 4:
riqueza y fortuna

Trigrama:
Sun – Viento

Elemento: madera

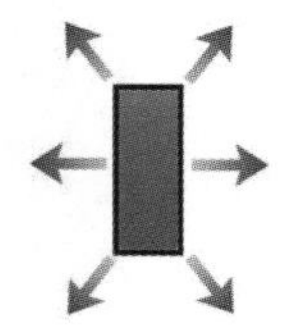

Color: verde claro

Dracaena sanderiana, conocido como "bambú de la suerte".
Fuente: Champlax.

Paisajes

Las cascadas son el símbolo clásico de bienestar, la fortuna y la energía fluyente del dinero en el Feng Shui. En el campo de este elemento el agua alimenta esta madera que se eleva, el elemento de este ámbito vital. Al mismo tiempo el agua fresca atrae mucho Chi y de esta manera beneficia el flujo de energía de esta zona.

El agua es extraordinariamente adaptable y a la vez muy poderosa; con paciencia horadará la más dura piedra.

Donde hay abundante agua prosperan los parajes fértiles y el trabajo humano produce una gran cantidad de frutos. Imagínese que la fortuna y la riqueza descienden sobre usted continuamente como una especie de cascada energizante.

Ba Gua 4:
riqueza y fortuna

4

Trigrama:
Sun – Viento

Elemento: madera

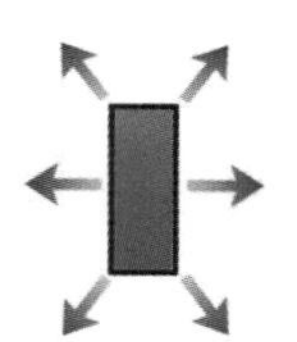

Color: verde claro

En tiendas de artículos orientales es posible conseguir fuentes de agua que pueden animar la energía en diferentes lugares de la casa. Si no le es posible obtener este tipo de objetos, una vasija o una jarra con agua fresca acompañada de flores o velas servirá para promover la buena energía.

▲ *Ba Gua 5: centro*
Símbolo: Yin y Yang (masculino y femenino)

Ba Gua 5: centro

La quinta estación es el ámbito del centro, el centro alrededor del cual todo se agrupa. Aquí el elemento es la tierra y con ella todo el pequeño y maravilloso planeta Tierra que nos brinda la vida. Nuestra Tierra inundada por la energía cósmica ofrece todos los frutos terrenales y los nutre con sus dones. Nuestra vida transcurre aquí. Sin su gravedad, calor, abundancia de agua y aire, no habría vegetación, animales ni seres humanos en nuestro planeta.

El centro del cuerpo humano está aproximadamente a quince centímetros por debajo del corazón. El ombligo, es el centro de fuerza de nuestro cuerpo el *Hara* o *Tantien* como lo llaman los orientales. En todas las artes marciales esta zona tiene un papel muy importante. Con la fuerza que se acumula ahí y la energía dirigida que sale desde allí es posible, por ejemplo, romper piedras o desarrollar técnicas de combate increíbles. Para esto la fuerza muscular o la velocidad no desempeñan el papel decisivo sino la fuerza reunida del cuerpo y el espíritu.

En este ámbito se refleja la expresión de nuestro propio ser y la forma como lo irradiamos hacia el mundo. La fuerza física y espiritual, así como la salud y la capacidad de concentración, tienen aquí su hogar.

Alguien que descanse en su centro ejerce sobre nosotros una impresión poderosa y relajante a la vez. En su presencia nos sentimos bien y protegidos. Por el contrario, una persona que no descansa en su centro se ve nerviosa, dispersa y desagradablemente agitada. Como si estuviera dividido en pedazos de manera desgarrada sin que se relacionaran con un centro.

Comparemos una casa o un apartamento con el cuerpo humano; el centro asume la tarea de irradiar la fuerza reunida hacia todas las habitaciones y proveerlas con energía poderosa y pulsátil.

Estímulos para la conformación

Desde el centro de nuestro cuerpo creamos la energía constante para la vida cotidiana. Cómo la maneje, qué tan centrado y poderoso se sienta depende en gran medida de la forma en la que está utilizando su energía. En la calma está la fuerza, eso es válido tanto para su cuerpo como para ese campo en su vivienda. De acuerdo con esto el centro de su vivienda debe hacerse tan libre y tranquilo como le sea posible. Muros, chimeneas, muebles pesados y cualquier desorden se deben evitar en este sitio. El Chi debe poder circular libremente sin estorbos.

Cuando en el centro de su vivienda haya un corredor estrecho, un depósito o un inodoro, o cuando no pueda encontrar de ninguna manera otro lugar para cómodas, armarios o repisas, puede hacer de manera muy consciente, un centro sustituto en otra habitación. Sobre todo es importante que haya un centro en su vivienda que le recuerde su propio centro y que lo vincule con él. Un centro claro, cálido e iluminado transmite seguridad; no ahorre en una buena iluminación, aunque sea costosa. En los meses fríos del invierno el centro debe estar siempre caldeado aun cuando, por ejemplo, esté situado en el campo de la puerta de entrada. Desde el centro fluye la energía cálida hacia los ámbitos que están a su alrededor para proveerle paz, fortaleza y seguridad.

Ayudas

Usted puede, por ejemplo, mantener despejado y abierto el centro de su habitación y ponerle un bello tapiz y avivarlo con una piedra o una fuente para interiores.

El color amarillo o los demás colores de tierra apoyan y producen un efecto energizante. Pero cuidado, ponga atención a lo que demuestra en él; si hay algo duplicado debe ser algo que lo alegre, algo que le gustaría fortalecer y aumentar. Es importante que no haya un espejo que refleje a quien entra por la puerta. En el plano energético, el que entra se reflejará inmediatamente en el espejo como si saliera. Los cuadros que muestran colecciones amplias o concentradas quedan muy bien, al igual que cualquier objeto que refleje calma e interioridad.

Una piedra natural muy bonita o algunas piedras pequeñas fortalecen este campo extraordinariamente. Por último, una piedra que haya salido del interior profundo de la tierra es un signo de firmeza, calma y estabilidad. Cristales con el color del arcoíris puestos en un recipiente, vasos de cristal de roca o espirales de ADN y otros medios que nos sirvan para unirnos con nuestro silencioso centro en este mundo aparentemente cada vez más agitado.

Las espirales tipo ADN asemejan la estructura del ácido nucléico que contiene la información genética de la vida. Estas espirales con su doble hélice evocan el principio femenino y masculino generando vibraciones muy fuertes de energía curativa y para un mejor intercambio de Yin y Yang dentro de un espacio o habitación.

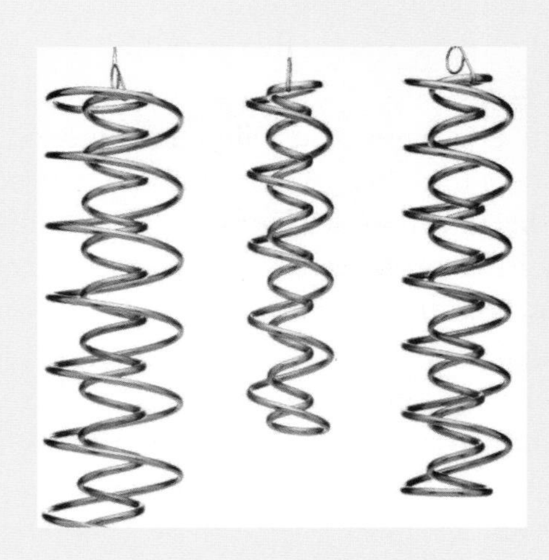

▲ *Un cuadro de colores vivos puede traer buena energía al centro de su casa.*
Zorros, *de Franz Marc, Museo Kunstpalast, Alemania. Fuente: The Yorck Project.*

▲ *Klaus Holitzka,* Centro. *Mandala.*

Los cuadros de energía

Mandala

Los mandalas fortalecen porque nos ponen en contacto con nuestro centro, con nuestra alma.

Los colores amarillo y naranja pertenecen al elemento tierra que es propio de ese ámbito vital. Este mandala ilumina desde el centro e inconscientemente recuerda la fuerza cálida contenida profundamente en el centro de la Tierra. Los puntos multicolores que vinculan todo y que están interrelacionados representan la multiplicidad de la vida, si faltara un solo punto, la Tierra no sería la misma.

Ba Gua 5: centro

Símbolo:
Yin y Yang
(masculino y femenino)

Elemento: tierra

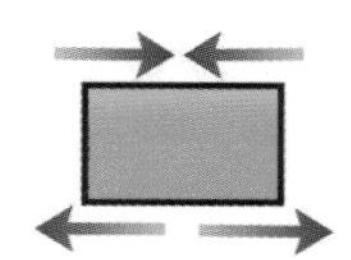

Color: amarillo dorado

El color amarillo evoca luz. El primer emperador de China, llamado "El emperador amarillo", era el único que podía usarlo libremente en ceremonias. En general, el amarillo simboliza abundancia y armonía.

▲ *Klaus Holitzka,* Centro. *Aguatinta.*

Aguatinta

"De la arcilla se forman los recipientes, pero solo el vacío, la nada, posibilita su uso.

Se encuentran treinta radios en el eje pero solamente el espacio vacío hace útil la rueda.

Se construye una casa con muros penetrados por ventanas pero solo el espacio vacío dentro de la casa la hace habitable.

Mediante la materia, las cosas obtienen su forma.

Mediante lo invisible, el vacío obtiene sentido y valor".

Lao Tse

Ba Gua 5: centro

Símbolo:
Yin y Yang
(masculino y femenino)

Elemento: tierra

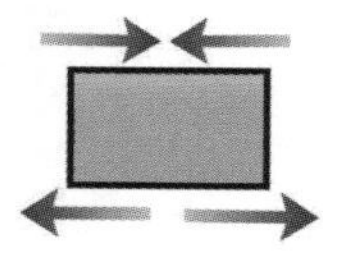

Color: amarillo dorado

Símbolo del Wu Wei. El Wu Wei es uno de los conceptos más importantes del taoísmo. Se entiende como el arte de "actuar sin interferir", nos invita a dejar el control de nuestra vida a la energía del universo y a confiar el timón de nuestra existencia a la fuerza interior de nuestro propio ser, el Tao.

Paisajes

Cuando se lanza una piedra al agua se forman círculos ondulantes a partir del punto donde la piedra cayó en la superficie. De la misma forma, como esos círculos concéntricos se expanden, también sus pensamientos, sentimientos y acciones afectan su entorno. Cuanto más poderoso es el propio centro más poderosamente se expanden las ondas energéticas en el mundo a su alrededor.

Obviamente, el mundo externo lo afecta, pero usted mismo forma su mundo desde su propio centro.

Ba Gua 5: centro

	5	

Símbolo:
Yin y Yang
(masculino y femenino)

Elemento: tierra

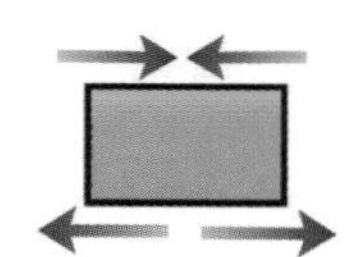

Color: amarillo dorado

En las culturas orientales el Ying y el Yang es una imagen que simboliza la interconexión que fuerzas opuestas tienen dentro del orden del universo conformando un todo que se aleja de la dicotomía del bien y del mal para una comprensión de la complejidad de la vida.

▲ *Ba Gua 6: amigos que ayudan y apoyo*
Trigrama: Chien – Cielo

Ba Gua 6: amigos que ayudan y apoyo

El sexto ámbito está directamente sobre la línea básica, a la derecha. En ese ámbito de su habitación están los "amigos que ayudan". Es decir, todas las energías que proveen apoyo, ayuda y seguridad. Como elemento, ese ámbito pertenece al "gran metal" y, como símbolo, es el cielo.

El cielo es mucho más que la bóveda celeste que nos cubre; es aquel lugar a donde nos llevan nuestros deseos y esperanzas. En el cielo sentimos a nuestro ángel de la guarda, a los buenos espíritus y también a las almas inmortales de los seres queridos que se han ido de nuestro lado.

Por eso también están ubicados allí los dones de la Divina Providencia, aparentes encuentros casuales, que nos brindan cosas nuevas en el ámbito de los "amigos que ayudan".

El tema apoyo incluye maestros y profesores que nos han ayudado en la escuela, en el aprendizaje o en la universidad. Unas amigas que nos ayudan mucho son las musas que de repente nos dan grandes ideas e igualmente aquella persona que brinda el factor económico para poder realizar un proyecto.

Por supuesto también se trata aquí el tema de la amistad. Para la mayoría de las personas la amistad es un bien precioso del cual extraen fortaleza, alegría y confianza. Cuando usted se encuentra en una situación de crisis pero está rodeado de amigos que lo acompañan, lo aconsejan, lo consuelan o simplemente lo escuchan, usted verá el mundo menos desolado y podrá sortear la crisis con más facilidad. Por otra parte, se plantea la pregunta: ¿Soy amigo de alguien? ¿Estoy ahí cuando me necesita? ¿Puedo escuchar atentamente y dar y ayudar generosamente? ¿O veo en la amistad solo un acompañamiento superficial que en primer lugar sirve para un disfrute en compañía y para evitar la soledad?

Este sector le indica cómo puede relacionarse de manera más humana y espontánea para auxiliar a los menesterosos o a aquellos que necesitan ayuda cada día. También le permitirá aceptar el apoyo amistoso que le ofrezcan.

"Cuanto más das, más se te dará", dice un viejo refrán, que descansa sobre la ley universal del equilibrio entre el dar y el recibir. Quien hace algo bueno a otro pone en funcionamiento la ley del equilibrio. Algunas veces el equilibrio está simplemente en una sonrisa radiante de gratitud; cuando esta viene del corazón, casi siempre es suficiente.

Debe considerar este aspecto detenidamente y fortalecerlo cuando se esté solo y aislado, cuando no se sienta aceptado por los demás ni unido al todo, cuando crea que está desprotegido y angustiado, y cuando sienta que ninguna ayuda proviene de afuera o piense que no puede aceptarla. En la vida de los negocios quizá no le llegan clientes o el banco no aprueba el préstamo que usted solicitó. Y en la vida personal posiblemente perdió viejos amigos y no aparecen nuevos. En todos estos casos se debe prestar especial atención a este ámbito y fortalecerlo con símbolos de comunidad y pertenencia.

Estímulos para la conformación

La extensión abierta del cielo es la imagen de este ámbito, y es la imagen que debe recordar cuando lo arregle. Un cielo azul radiante y un sol cálido abren los corazones y nos alegran el ánimo. En una noche adornada por las estrellas presentimos la inmensidad del universo y sentimos que nuestro planeta está ubicado en un todo infinito.

Por lo tanto, este lugar de la vivienda o habitación ama los elementos amplios, que unen. La fuerza vivificante del sol se debe destacar mediante la claridad, la luz y el calor. La mejor forma de hacerlo es fortaleciendo este ámbito vital en su vivienda con colores claros, amables y algunos objetos brillantes de plata o dorados que emitan sus reflejos allí.

Cuanto más bajos sean sus muebles, mas altos y amplios parecerán los techos. Se deben tener grupos de asientos muy cómodos o mesas redondas porque estos llevan a la gente a comer reunidos o a dirigirse unos hacia otros para hablar, jugar o trabajar.

Si la puerta de su vivienda está en el ámbito 6 organice el interior de la entrada como una sala acogedora y no como un lugar de paso. Es la primera impresión que recibe el visitante y la suya también cuando llega a su casa. No hay otro lugar más agradable para ofrecer a sus amigos o en general a la compañía de otros y cultivar un sentido de comunidad y pertenencia.

Puede ubicar aquí regalos bonitos que le hayan dado sus amigos; esto creará un vínculo espiritual profundo aun cuando ya los amigos se encuentren muy lejos. Los cuadros tienen una especial importancia en el sector de la entrada porque le brindan una primera impresión de su personalidad a quienes llegan.

Ayudas

Desde el punto de vista de los elementos, usted puede fortalecer con cualquier objeto de metal este ámbito. Las fuentes y floreros plateados o dorados, candelabros, lámparas con esculturas de metal abstractas o figurativas intensifican la energía de ese ámbito.

Un móvil sonoro de metal es también un símbolo fuerte del metal, pues difunde el sonido a través del viento celeste y sus diversos sonidos aislados terminan por emitir una melodía unificada. Este es un bello ejemplo de cómo los sonidos individuales se mezclan para formar una melodía.

Los cuadros de este ámbito deben recordarnos el mundo espiritual, la amistad colaboradora o los buenos amigos. Este ámbito se fortalece con el metal, por lo que su mensaje se intensificará si el marco es de metal plateado o dorado.

En el ciclo de alimentación (véase ilustración de p. 149) la tierra nutre los metales; por eso los recipientes de barro y cerámica quedan muy bien en este lugar. Una pequeña colección de piedras preciosas como cristales, cuarzo, amatista, etcétera, representa por una parte el elemento tierra y por otra emanan vibraciones curativas y protectoras que estimulan de manera agradable el entorno. De la misma manera, las lámparas de cristales de sal limpian la atmósfera y la enriquecen con energía nueva.

▲ *Para muchas culturas el cielo representa el lugar de los dioses.*

▲ *Klaus Holitzka,* Amigos. *Mandala.*

Los cuadros de energía

Mandala

El color de fondo de este cuadro es blanco y con ello intensifica el elemento metal de esta zona. El mandala completo está constituido por personas que se toman de la mano en diferentes planos. Ninguno está solo, uno está unido a los otros y cuando uno cae, los otros lo levantan. Con frecuencia esa ayuda nos llega desde un plano diferente, invisible.

> "A un sabio le preguntaron cuál era la hora más importante que vive un ser humano, cuál es la persona más importante que encuentra y cuál es la obra más necesaria.
>
> Él respondió: la hora más importante es siempre la presente, la persona más importante es aquella que está delante de ti y la obra más necesaria es el amor".
>
> *Meister Eckhart*

Ba Gua 6:
amigos que ayudan
y apoyo

Trigrama:
Chen – Cielo

Elemento: metal

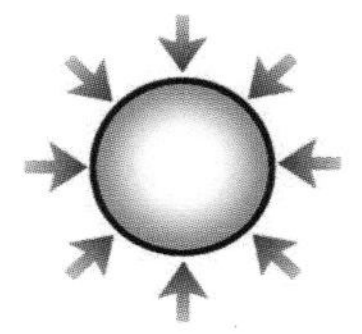

Color: blanco, plata, oro

En la religión católica la unión entre dos personas que se aman para conformar una familia se conmemora con un rito y una celebración donde la mujer se viste de blanco como símbolo de pureza.

▲ *Klaus Holitzka,* Amigos. *Aguatinta.*

Aguatinta

En este cuadro se ve la gente fluir de todas partes y reunirse en un círculo. Un bello símbolo de cómo personas muy diferentes se encuentran cuando las atrae un mismo tema, un ideal o una idea.

Aquí no está uno solo en el centro sino la comunidad. Los ejes centrales de este tema son la disposición a ayudar, el apoyo mutuo y el tú en lugar del yo.

"Sigue y cuida el Tao en ti,
y tu vida se incrementará.
Acepta y cuida el amor al prójimo,
y tu vida se enriquecerá.
Cuida y crea la comunidad,
y tu vida producirá armonía y plenitud.
Cultiva y cuida tu tierra, y tu vida
producirá fertilidad y bienestar.
Forma y cuida el Tao en el mundo,
y tu vida servirá a la unidad entre la
humanidad.
Puedes reconocer cómo está hecho el
mundo en ti mismo y en la forma en
que sigues el ejemplo del Tao".

Lao Tse

Ba Gua 6:
amigos que ayudan
y apoyo

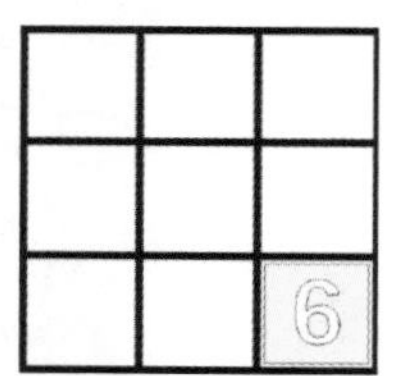

Trigrama:
Chen – Cielo

Elemento: metal

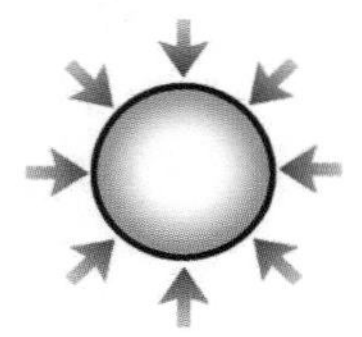

Color: blanco, plata, oro

Los cristales de colores movilizan la energía.

Paisajes

Una piedra, un helecho tierno, un árbol y una persona pueden desarrollar de la mejor forma su esencia cuando se integran armoniosamente en su entorno. En los famosos jardines zen, los japoneses armonizan de tal manera las piedras, las matas, los colores y las formas que la imagen da un conjunto armonioso. Los elementos naturales y las formas hechas por manos humanas se complementan unos a otros. Cada elemento aislado debe expresar su carácter y forma correspondiente e influir en el todo que lo contiene. En la obra total, el verde tierno y poco visible del musgo y el helecho tienen un valor igual al de una piedra grande que se destaque.

Ba Gua 6:
amigos que ayudan
y apoyo

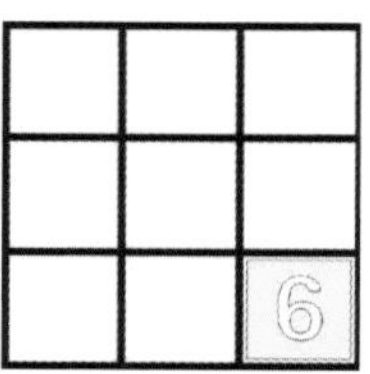

Trigrama:
Chen – Cielo

Elemento: metal

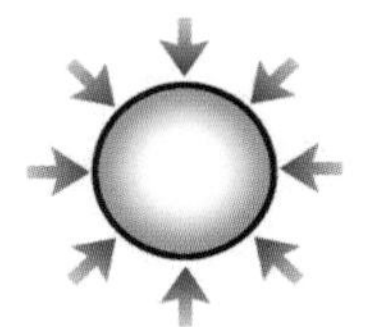

Color: blanco, plata, oro

Pequeñas jardineras zen pueden ubicarse en lugares específicos de la casa para movilizar energía positiva.

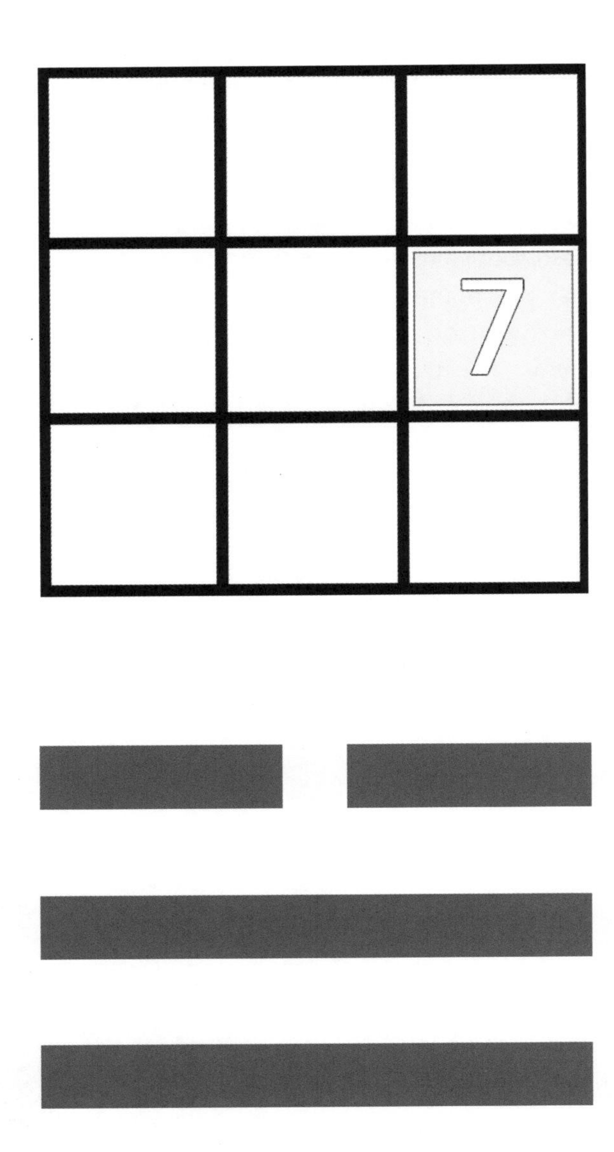

▲ *Ba Gua 7: hijos y fantasía*
Trigrama: Tui – Mar

Ba Gua 7: hijos y fantasía

El séptimo ámbito está a la derecha, en la franja del medio, contando desde la línea base. Pertenece al elemento metal y como imagen pertenece al mar, a la alegría. Este ámbito vital se relaciona con nuestros hijos, el niño interior y nuestros hijos "espirituales" como proyectos, ideas e intuiciones.

En este campo del Ba Gua se nos señala la parte lúdica y creativa que todos tenemos. Representa ese mundo ilimitado y lleno de fantasías de los niños, ese mundo que, debido al estrés cotidiano y a la racionalidad, nosotros los adultos dejamos de lado la mayoría del tiempo. Ciertamente en cada uno de nosotros vive un niño interior, a veces más, a veces menos vigoroso, que anhela divertirse pero se encuentra con que el tiempo ya está copado. Mientras somos niños descubrimos el mundo jugando y sin un objetivo determinado. Al crecer, ya nunca más volvemos a desarrollar nuestra vida de una manera tan creativa y tan plena de fantasía como en aquel estado. Con gran energía creativa se transforman los palos en personas, las personas en perros, los monos en caballos, o simplemente los sillones en una chalupa que navega por un mar infinito azotado por el viento.

Cada vez que nos sumergimos en el reino de la fantasía y le damos rienda suelta a la inspiración, vivimos el instante y no pensamos en la opinión de los demás, sino que estamos totalmente dentro de nosotros. Los niños pueden olvidarse de sí mismos. Viven con toda su fuerza lo que están haciendo y el mundo que los rodea pierde importancia totalmente mientras su propio mundo interno los hechiza por completo.

Nosotros los adultos vivimos tales momentos con alguna frecuencia cuando bailamos o escuchamos música, cuando nos dedicamos a nuestros *hobbies* o cuando simplemente nos relajamos y nos abandonamos a nuestros sueños diurnos y nos olvidamos del mundo que nos rodea. En estos momentos, en los cuales dirigimos completamente nuestra atención hacia algo, ya sea pintar, tocar un instrumento, actuar, hacer trabajos manuales o atar cabos, estamos totalmente en nuestro interior y libres como niños que se olvidan del mundo en el juego. Y precisamente en esos momentos aparecen nuevas ideas creativas y soluciones sorprendentes para problemas pendientes.

La capacidad de reír, de disfrutar el momento de poder mostrar los sentimientos sin temor y de manera espontánea, son características infantiles maravillosas que para nosotros alguna vez nos fueron muy familiares. Cuando observe que se ha vuelto demasiado serio y que su vida consiste en deberes, planes y preocupaciones, es bueno que le dedique atención a este ámbito vital. También cuando se sienta cohibido entre la gente y apenas se atreva a mostrar su verdadero ser, o cuando dedique muy poco tiempo para sí mismo, debe analizar bajo la lupa ese ámbito de su vida. Los niños toman y piden lo que les parece importante. Expresan sus sentimientos de manera inmediata, sin disimulos y por eso son irresistibles y encantadores.

Este ámbito Ba Gua debe recordarle diariamente que hay que brindarle tanta atención a la parte infantil, despreocupada de su ser como a la parte racional y seria.

Estímulos para la conformación

Esta parte de su vivienda muestra la alegría de estar vivo y de gozarla de todo corazón. Hay tantas opiniones como personas sobre lo que es la alegría de vivir y la mejor clase de disfrute. Para algunos, este es el lugar para jugar con sus hijos, conversar y mimarlos. Para otros, es el lugar ideal para pintar, tocar un instrumento musical o hacer trabajos manuales. También habrá otros que tendrán allí su lugar predilecto para leer y sumergirse en el reino de la fantasía.

▲ *Muchos pintores exploran formas y colores que asemejan trazos infantiles dándole libertad a sus formas.*
Hombre sentado. *Roger Nöel François de la Fresnaye.*

Si le gusta ver televisión, este es el sitio para acomodarse muy bien y dar rienda suelta a las ideas.

Estar con personas queridas, sentadas cómodamente, charlar y reír sin preocuparse por la hora, comer y beber reunidos, todos estos son goces y alegrías que se intensifican en ese lugar de la vivienda.

Este sector representa libertad y autonomía, lógicamente no hay una guía para su arreglo o disposición, lo importante es que usted se sienta bien allí y que el sitio estimule su fantasía. Un escritorio lleno de trabajos pendientes, por supuesto que no va a cumplir con ese criterio. Retire de ese lugar todas las cosas que recuerden deberes o que produzcan un efecto de carga. Aquí usted debe sentirse bien y "solamente" disfrutar la vida.

Fortalezca este lugar cuando usted o sus hijos estén tristes o solos y no encuentren su lugar en la vida. Cuando le haga falta ánimo y fortaleza interior para realizar sus deseos y esperanzas, le serán útiles los recuerdos y exigencias egoístas de su infancia inocente. Cuelgue cuadros que le recuerden la forma despreocupada, espontánea e inconsciente en que los niños ven la vida. Aún hoy, usted puede ver la vida de esa manera.

Ayudas

El séptimo ámbito pertenece, como el anterior, a los amigos, al elemento metal. De la misma manera como allí puede intensificar la energía del lugar mediante objetos de metal y de tierra como barro y cerámica, pueden usar floreros o fuentes y también piedras y cuarzos.

Para acentuar el carácter lúdico y fantasioso de este ámbito, los cuadros, sean abstractos o figurativos, deben expresar alegría de vivir y felicidad. Los objetos o cuadros elaborados por niños o por usted mismo le recordarán la parte creativa del ser humano. También las fotos de niños, sean o no sus hijos, tienen aquí un buen lugar en la medida en que transmiten bienestar y alegría de vivir.

Los móviles multicolores de todas clases traen movimiento a una habitación, cuando se mecen suavemente en el aire. Los cristales con los colores del arco iris colgados delante de las ventanas proyectan rayos multicolores de luz danzante en la habitación y pueden fascinarnos durante un largo rato. La colección de autos modelos en miniatura o de ositos de peluche, recuerdos personales de la infancia, objetos para jugar, y muchas otras cosas ayudan a lograr una atmósfera creativa en la cual no tengamos que negar nuestro niño interior sino que, por el contrario, lo alimentemos conscientemente. Si tiene un piano, una guitarra o un instrumento musical, aquí podría colocarlo e interpretarlo. Por otro lado, las fuentes tibetanas sonoras y címbalos de metal, tambores y otras cosas que le recuerden sus *hobbies* quedarán aquí muy bien acomodadas.

Puede valorizar su escritorio en esta zona con las fotos de sus hijos o con un objeto fascinante que estimule su fantasía y lo inspire.

▲ *Klaus Holitzka,* Niños. *Mandala.*

Los cuadros de energía

Mandala

El color azul grisáceo del fondo fortalece el elemento metal que pertenece a este ámbito vital, pero sobre todo los rayos blancos que desde el centro irradian más allá del límite del círculo.

En el interior del cuadro, los círculos, los ornamentos y los rayos de varios colores recuerdan la energía lúdica de este ámbito.

Este círculo interior está colocado encima de un loto de mil pétalos, símbolo de pureza e inocencia, cualidades que corresponden al niño interior que llevamos dentro.

> "Se debe hacer
> lo que nos brinde alegría;
> existe la posibilidad real
> de que eso también le dé felicidad
> al mundo".
>
> *Thomas Mann*

Ba Gua 7:
hijos y fantasía

7

Trigrama:
Tui – Mar

Elemento: metal

Color: blanco, plata

Los cuadros pueden representar una zona ausente en otro punto de la casa, apartamento u oficina.

Hans Thomas, *La ronda infantil*, 1884. Fuente: Yorck Project.

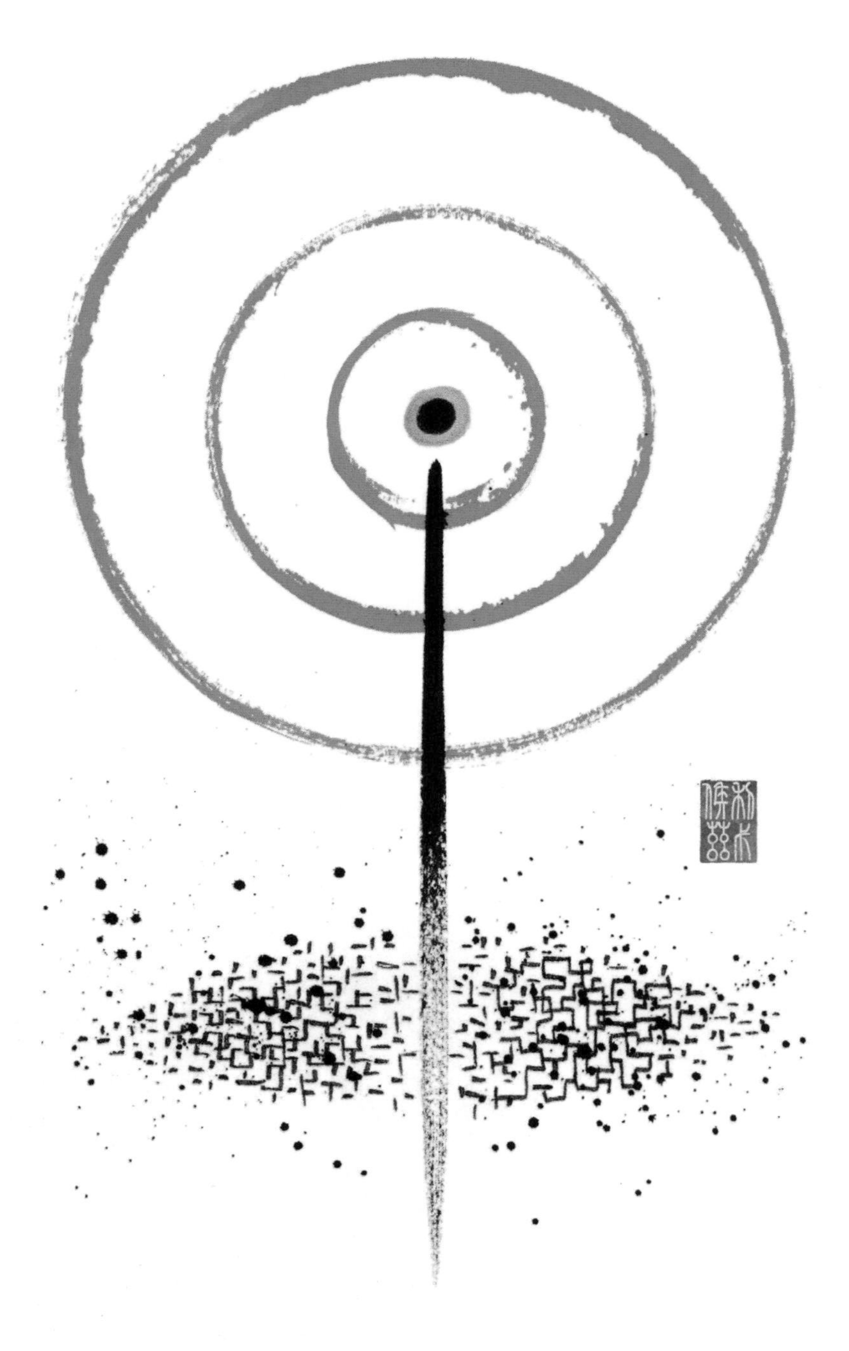

▲ *Klaus Holitzka,* Niños. *Aguatinta.*

Aguatinta

En el reino de la fantasía podemos visitar mundos que están cerrados para nosotros en el quehacer cotidiano. Allí podemos, como flechas veloces, volar a otros lugares o dejarnos llevar a través del inmenso universo. Sin ningún esfuerzo podemos deslizarnos en las más variadas formas y, en sueños diurnos, vivir una realidad diferente.

Las personas que tienen mucha fantasía disponen de la capacidad de contemplar la cotidianidad de una manera verdaderamente loca y descubrir así nuevas relaciones realmente sorprendentes. Ya sean artistas productores de ideas, directores de empresa innovadores, o artesanos creativos, todos liberan de un significado aparentemente fijo lo conocido y acostumbrado para presentarlo de una nueva forma.

Ba Gua 7:
hijos y fantasía

Trigrama:
Tui – Mar

Elemento: metal

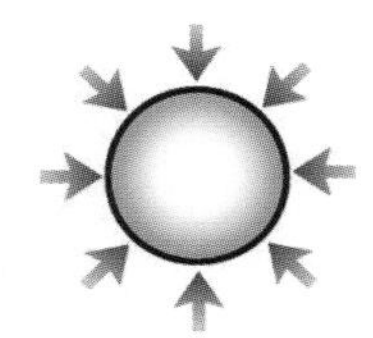

Color: blanco, plata

En ciertas ocasiones nuestro cerebro puede ver cosas que no existen o ver solo ciertos aspectos y desechar otros. Las ilusiones ópticas son una muestra de ello. Aquí la primera ilusión de Ludimar Hermann, también conocida como la ilusión de la cuadrícula. ¿Puede usted ver algún punto negro?

Paisajes

Este cuadro lo invita a dar un paseo por una pradera cubierta de flores a la hora del crepúsculo.

El ámbito de la fantasía pertenece al occidente de los puntos cardinales, el sol poniente. El día que se aproxima a su fin y la noche que comienza a teñir con colores de ocaso el cielo son un símbolo de la conciencia (el día) que se funde con el subconsciente (la noche), a través de lo cual podemos encontrar nuevas y extraordinarias salidas.

Una pradera lozana llena de flores y mariposas multicolores es, además, un símbolo muy vital. Las semillas y pastos aparentemente reunidos de manera poco selecta y sin un fin determinado no producen un desorden caótico sino que forman una mezcla multicolor y volátil, plena de alegría de vivir con todos los diferentes elementos.

Ba Gua 7:
hijos y fantasía

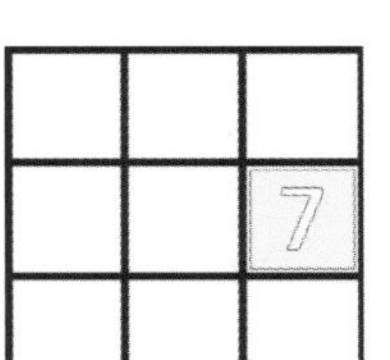

Trigrama:
Tui – Mar

Elemento: metal

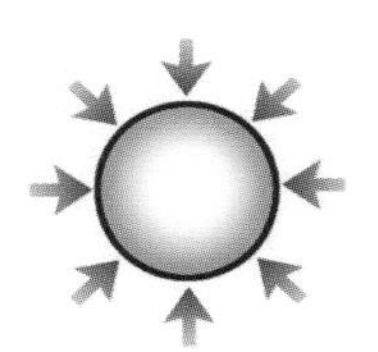

Color: blanco, plata

La belleza y el manejo del color de Vincent van Gogh es inigualable, como en esta pintura *Paisaje vespertino a la salida de la luna*, 1889. Un perfecto ejemplo de orden en el caos.

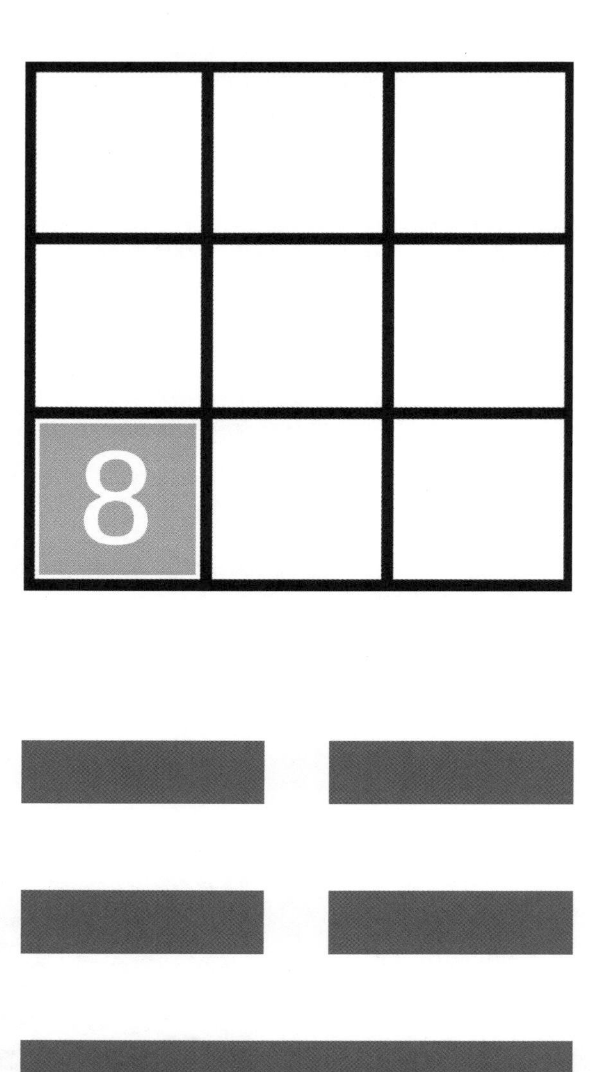

Ba Gua 8: conocimiento interno y aprendizaje
Trigrama: Gen – Montaña

Ba Gua 8: conocimiento interno y aprendizaje

El ámbito número ocho está abajo a la izquierda, justo encima de la línea base. Como elemento pertenece a "tierra pequeña" y como imagen a la montaña que representa la perseverancia y la fortaleza interna. En este espacio reconocemos la necesidad humana de aprender siempre algo nuevo y crecer a partir de lo que ya sabemos. Aquí está en su hogar el impulso natural de comprender el mundo y aprender a manejarlo. También pertenece a este lugar todo aprendizaje que se transmite como un bien cultural, como por ejemplo el aprendizaje de la escuela, el vocacional, el de artes, el de oficios y el universitario.

Este sector recuerda el "conocimiento interno y el aprendizaje", la maduración y crecimiento paulatino de nuestra personalidad. Las experiencias y los conocimientos que en el transcurrir de los años hemos almacenado se convierten aquí, mediante una toma de conciencia creciente, en conocimiento interno.

Cada vez que usted se detiene a reflexionar sobre el sentido de su vida o sobre cuestiones religiosas se está uniendo a este ámbito. Este es el espacio para cerrar los ojos y dedicarse a la meditación. Aquí puede tomarse un tiempo exclusivamente para sí mismo. Puede entrar en contacto con su más profundo ser superior y escucharlo.

Fortalezca este ámbito cada vez que le falte tiempo y tranquilidad para reflexionar sobre sí mismo con total dedicación. Fortalezca este ámbito también cuando sienta necesidad de olvidar por un momento todos los deberes y preocupaciones y quiera dejar vagar su pensamiento liberándolo de toda atadura terrena, o cuando quiera mejorar su capacidad de aprender, incrementar su intuición y unirse más con el mundo espiritual.

El conocimiento, la verdad y la sabiduría son valores interiores que se transforman con el transcurso de la vida y que en cada edad tienen un valor diferente. En el umbral de cada nueva fase de la vida ellos comienzan frecuentemente a vacilar y requieren ser cambiados por otros nuevos. Fortalezca este ámbito para sondear su vida de nuevo en paz y equilibrio interior. Dedíquese regularmente un tiempo a pasar unas horas en calma y así poder meditar, leer o simplemente no hacer nada. En el silencio puede dejar más fácilmente que los mensajes internos portadores de paz, asciendan hasta la conciencia.

Estímulos para la conformación

Grande, fuerte y desinhibida, estas son las características que le atribuimos a una montaña. Si usted quiere fortalecer este ámbito, principalmente como un apoyo para el aprendizaje y la formación superior, los muebles deben ser fuertes y pesados. Las estanterías que cubran toda una pared llenas de libros y documentos, un gran escritorio con su silla correspondiente, una silla con brazos muy cómoda para leer y meditar recuerdan el silencio y la concentración de una biblioteca.

Para los niños y los adultos que se desconcentran con facilidad y difícilmente retienen y asimilan los nuevos conocimientos, se debe organizar este ámbito con mucho cuidado. El sitio donde está el escritorio debe seguir las reglas de los cinco animales (véase p. 160). Ellos transmiten seguridad y paz interior que son las bases para un aprendizaje sin trastornos.

Quien busca meditar o un lugar para adentrarse en sí mismo y escuchar su voz interior, quizá prefiera un mobiliario más bien escaso. Un rincón casi vacío le da espacio al espíritu para concentrarse en lo esencial sin distracciones o influencias perturbadoras del exterior.

Si no quiere estudiar o meditar y prefiere saciar su sed de conocimientos nuevos mediante la televisión y las revistas, prepárese un lugar de retiro para ver televisión y para leer, en el que se sienta tranquilo y donde no tenga interrupciones. Para muchos, el intercambio con otras personas es el medio predilecto para obtener nuevas informaciones o para conocerse mejor a sí mismo. Si usted pertenece a esa clase de personas, entonces este ámbito del conocimiento debe consistir en un lugar agradable, cómodo para sentarse, provisto con cuadros y objetos que fomenten una actitud abierta y que transmita un ambiente protector.

Si la entrada está en el ámbito octavo, estará muy bien protegido, especialmente por la montaña, un mueble grande que haya sido heredado recordará que el conocimiento se transmite de generación en generación. Sin embargo, tenga cuidado, el sector de la entrada no debe nunca dar la impresión de estar "atiborrado".

Ayudas

Cántaros, fuentes o floreros vacíos de barro o cerámica fortalecen el elemento tierra de este ámbito y representan además que el espíritu está "vacío" y que está dispuesto a ser colmado con más conocimiento interno o mundano. Otros objetos adecuados son las piedras, grandes o pequeñas, cristales grandes o lámparas de cristal salino. Todos estos vienen de la montaña y traen su fuerza apaciguadora consigo.

Los cuadros en esta parte de la casa pueden mostrar las figuras de grandes guías de la humanidad como Jesús o Buda o algún otro ejemplo que nos guíe por el camino del encuentro consigo mismo. También los cuadros de lugares con mucha fuerza natural, como cuevas, montañas o cascadas, son adecuados para este lugar, así como cuadros de lugares de culto construidos por los seres humanos como Stonehenge, pirámides, iglesias o mezquitas. También son adecuados los cuadros que representan simbólicamente valores y metas más altos.

Los cuadros con mandalas, de cualquier forma que se presenten, también se recomiendan aquí, especialmente porque desde hace milenios se han empleado como fomento para la meditación y la concentración, pues ayudan a recoger el espíritu y a reencontrarse con la totalidad.

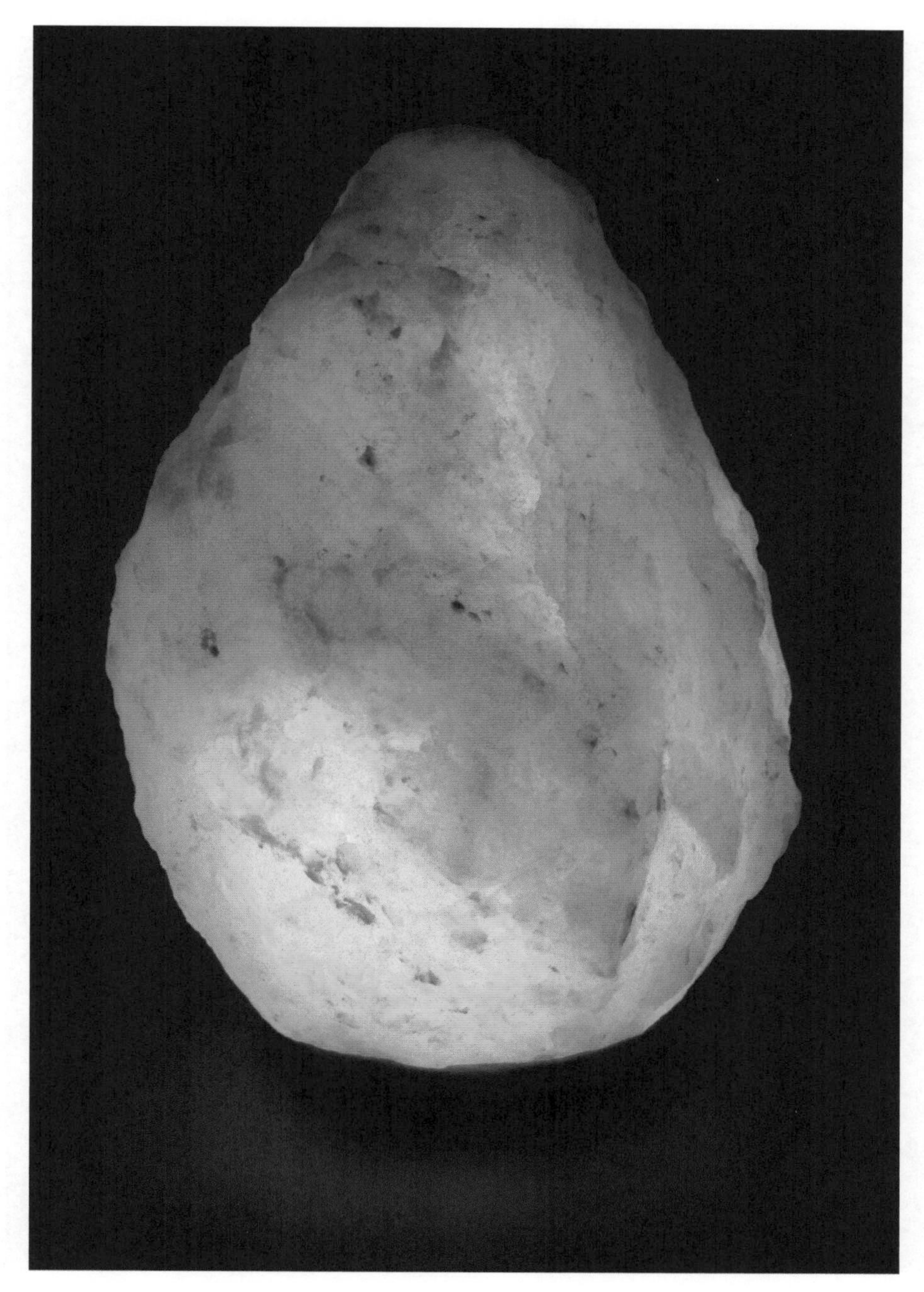

▲ *Las lámparas de sal están hechas a partir de grandes rocas de sal que son talladas para darle espacio en su base a una vela o a una bombilla.*

▲ *Klaus Holitzka,* Sabiduría. *Mandala.*

Los cuadros de energía

Mandala

El vigoroso color tierra fortalece el elemento tierra que pertenece a este ámbito.

Para este campo un mandala es el símbolo ideal porque los mandalas nos centran, nos ayudan a concentrarnos y a alcanzar las esferas superiores y más profundas.

Un mandala no es solo una representación estilizada sino un medio tradicional para recogerse y hallar en la meditación el acceso a la sabiduría y al conocimiento interior.

La figura de la página 128 muestra al Buda tibetano sentado en el centro y evoca los mundos que ante él se pueden abrir. Los sabios tibetanos reconocieron desde hace milenios la estructura atómica que se muestra en los lazos de colores que rodean al Buda. Un conocimiento que concuerda de manera sorprendente con los conocimientos de la ciencia moderna.

Ba Gua 8:
conocimiento interno
y aprendizaje

Trigrama:
Gen – Montaña

Elemento: tierra

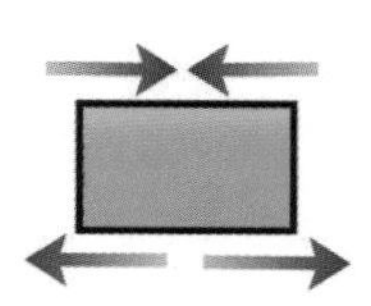

Color: amarillo, ocre

Un mandala es un diagrama concéntrico que tiene un significado espiritual, ritual y mágico para algunas culturas orientales. Algunas personas los usan ya sea como motivo decorativo o como una pieza importante para la meditación e incluso la sanación de mente y cuerpo. En el budismo tibetano la construcción de un mandala con arena de colores se considera un rito de iniciación.

▲ *Klaus Holitzka,* Sabiduría.

Aguatinta

"Esperar y tomar té" dice un conocido adagio. Con esto se quiere decir nada más y nada menos que debemos disfrutar la paz y el sosiego de manera que mantengamos la visión de conjunto. Y esto precisamente en momentos agitados e intranquilos, cuando creemos que debemos resolver todo inmediatamente.

La mejor posibilidad de conservar la calma interior y encontrar la fuente interna de la fortaleza es escuchar en silencio, quizá con una taza de té.

Ba Gua 8: conocimiento interno y aprendizaje

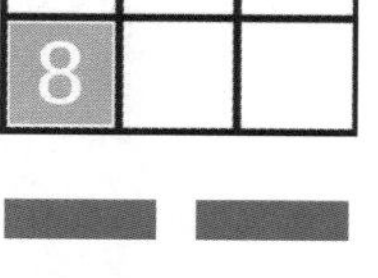

Trigrama: Gen – Montaña

Elemento: tierra

Color: amarillo, ocre

La ceremonia del té es una tradición asiática cuyos dioses difieren de país a país. El referente más cercano en Occidente es la hora del té británico. En general, la ceremonia involucra la preparación del té sin tratar, haciendo en ocasiones mezclas de hierbas, flores y frutos con el objetivo de promover la tranquilidad, la hermandad y la paz interior.

Paisajes

El aislamiento y la proximidad a la naturaleza se consideran una buena base para reencontrase consigo mismo. El silencio de una caverna, un lago cristalino entre las montañas o una vista amplia sobre el paisaje desde lo alto de una montaña nos hacen tomar distancia del quehacer cotidiano.

Vaya con frecuencia mentalmente a un lugar silencioso y aislado y déjese sorprender por la claridad y nitidez con la cual puede escuchar allí su propia voz interior. Al mismo tiempo puede reflexionar tranquilamente sobre su vida y sus planes y, si es necesario, programar transformaciones.

Ba Gua 8:
conocimiento interno y aprendizaje

8

Trigrama:
Gen – Montaña

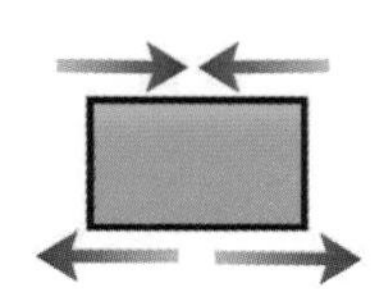

Elemento: tierra

Color: amarillo, ocre

La meditación es la acción de orientar la mente por medio de ciertas prácticas, hacia un estado que permita un descanso o entendimiento. La mayoría de las culturas tienen algún tipo de práctica meditativa ya sea para acercarse a su dios o para mejorar el estado de bienestar e incluso la quietud total de la mente. Las prácticas pueden variar. Algunas implican un control de la respiración, otras la repetición de pasajes, oraciones o letanías y, otras, la simple contemplación.

Escena de otoño. Hua Yen, 1729. ▶

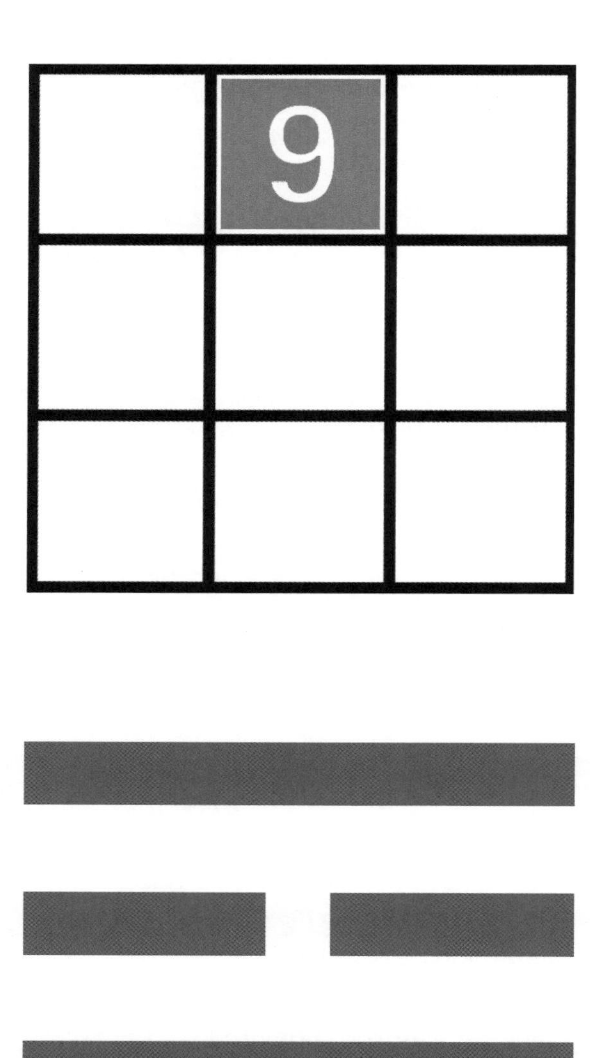

▲ *Ba Gua 9: fama y reconocimiento*
Trigrama : Li – Fuego

Ba Gua 9: fama y reconocimiento

Partiendo de la línea base, este ámbito está situado en la parte superior, en el centro del Ba Gua. El elemento de este ámbito es el fuego, rojo y brillante. Así como el fuego ilumina y calienta su entorno y ejerce una atracción mágica, una persona llena de fuego interior atrae mágicamente a sus semejantes. Si se reúnen la sabiduría, la amplitud de visión y la bondad, estas personas son ejemplos dignos que encienden otros corazones y dan nuevas ideas de gran impacto.

Este ámbito representa el maravilloso sentimiento de haber llegado a la meta y haber logrado algo por lo cual se había trabajado durante años. Planes y proyectos se han vuelto realidad: el negocio, la pareja, la familia o lo que usted se haya propuesto transcurre bien y usted puede cosechar lo que ha sembrado.

Puede ser el caso de una mujer "todera" que trabaja en la oficina, es ama de casa o madre y tiene una alta posición como dirigente: ella recibe el reconocimiento merecido por su actividad y tiene el sentimiento de haber hecho algo que tiene sentido. El reconocimiento y el éxito en su actividad los obtiene cuando puede mostrar resultados positivos: buenas ventas o una alta demanda de sus servicios profesionales y ser digno o digna de confianza. También pertenecen a este ámbito el desarrollo de nuevas ideas y soluciones vanguardistas.

El sentimiento del propio valor de la mayoría de las personas depende, en gran medida, del reconocimiento y el elogio de los demás y del éxito material. Cuando estos fallan, nuestra autoestima tambalea fácilmente. Si lo carcome el desagradable sentimiento de que nadie aprecia sus esfuerzos ni su dignidad, es tiempo entonces de que preste mayor atención a este ámbito y lo fortalezca con las ayudas adecuadas.

La fama, el reconocimiento y la honra producidos por el éxito profesional, sin embargo, son solo una parte de este ámbito. En primer lugar se trata aquí de seguir desarrollando la madurez interior y la fortaleza de nuestra personalidad. El brillo exterior será convincente solo cuando tiene lugar un desarrollo del plano anímico.

Solo cuando el conocimiento y la sabiduría crecen juntos, se madura la personalidad cuyo despliegue invita a otras personas a seguir el mismo camino.

En el plano del crecimiento interno experimentamos visiones de conciencia total. Son esas breves experiencias de enorme felicidad, de unidad y visiones profundas. Una experiencia en la que sentimos la presencia de la vida abrazándolo todo, sentimos su pulso, una experiencia que en la religión cristiana se llama la presencia de Dios y en la budista, iluminación.

Estímulos para la conformación

La fama, el honor y el reconocimiento siempre se han representado con el color rojo. Durante mucho tiempo, el color púrpura solo podía ser usado por los emperadores y los reyes. Hoy extendemos tapices rojos cuando queremos honrar a alguien, y en ámbitos políticos y religiosos las bandas de color púrpura representan el rango de quien las porta. El empleo bien dosificado del color rojo o del naranja puede ser una buena solución en ese ámbito cuando a usted le hace falta "fuego" y ánimo para desarrollar su visión en la profesión o en la vida privada. Elija objetos o cuadros cuyas formas dinámicas expresen movimiento y progreso.

Si observa que está aferrado a valores fijos superados o a viejas tradiciones y le cuesta trabajo liberarse de ellas, observe muy bien este sector de su vivienda. Mire detenidamente ¿qué objetos se han reunido allí? ¿Qué cosas usa todavía? ¿Qué cosas son superfluas y cuáles llegan a ser incluso incómodas porque le traen recuerdos desagradables? Esas cosas no solo bloquean el espacio de su vivienda sino que resultan ser un obstáculo para la propia vida.

Las personas sabias e iluminadas se caracterizan porque toman las cosas tal como son, de manera simple y desembozada. Además, ven lo esencial que yace bajo las apariencias, el ser detrás del parecer. Para encontrar una actitud espiritual así es importante arreglar este campo de manera clara simple y abierta. Deje espa-

▲ *Elija objetos cuadrados cuyas formas expresen movimiento y progreso.*
Los cuatro perros que acompañan al Príncipe Jusuff. *Franz Marc, 1913.*

cio entre las cosas de manera que cada objeto tenga su propia apreciación individual. Este espacio debe brindarle la sensación de apertura espiritual y libertad interior. La luz, especialmente la luz clara natural o artificial, sirve para fortalecer este sector y hacerlo excepcionalmente más activo.

Como se trata del ámbito del éxito y el reconocimiento, en el arreglo se debe reflejar su éxito o la representación de lo que usted quiere alcanzar. Más importante que el precio de los objetos que se encuentren allí, lo importante es que todos estén en un estado impecable. Sillas cojas, vidrios empañados y plantas medio secas no son buenos símbolos del éxito, la fama ni del fuego de la iluminación. Cuando se valoran las grandes ambiciones, se deben satisfacer también grandes ambiciones.

Ayudas

En esta parte de su vivienda está el lugar de la “comprensión”. La cuestión es ¿qué quiere comprender usted? ¿Cuáles decisiones y cuál actitud espiritual lo llevarán a un mayor éxito profesional y le traerán fama y reconocimiento en el mundo exterior? ¿O para usted es más importante encontrar el camino hacia su interior y desplegar una visión de sabiduría? ¿O quiere ambas cosas? Según su respuesta, los símbolos para este lugar deben ser diferentes.

Si su atención está puesta en el éxito profesional, decore ese lugar con símbolos de ascenso y metas por las cuales vale la pena esforzarse. Este es también el sitio ideal para colgar sus certificados, distinciones y diplomas, para exhibir sus trofeos o las fotos donde usted aparece recibiendo tales distinciones.

▲ *El ave Fénix es un ser mitológico que cada mil años construye su nido para luego quemarlo y renacer.*

Si le da mayor importancia a su desarrollo interno, elija objetos y cuadros que destaquen este aspecto en primer plano y representen el fuego, la sabiduría y la iluminación interiores.

En el plano de los elementos, fortalezca el ámbito mediante los colores rojo y naranja. Ponga un acento rojo en los muebles, cojines, cortinas, matas de flores rojas u objetos decorativos. Cuelgue cuadros donde vuelan pájaros, quizá el legendario fénix rojo, quien renace de sí mismo por siempre.

Todos los objetos que irradian claridad, iluminación e inspiración fortalecen este ámbito vital. Una chimenea, velas y abundante luz en todas sus variaciones brindan una atmósfera que intensifica y fomenta la visión y la realización de nuestras metas.

▲ *Klaus Holitzka,* Reposo. *Mandala.*

Los cuadros de energía

Mandala

El prestigio, el reconocimiento o la fama en nuestra vida cotidiana son una especie de pago mediante el cual se honran nuestros rendimientos y servicios.

Por regla general el prestigio y el reconocimiento no se dan por azar sino que hay que trabajarlos y merecerlos. Incluso cuando aparentemente llegan de la noche a la mañana es porque durante años se ha preparado bien el terreno, desarrollado la potencia, el don, el entusiasmo y la fortaleza.

Contemple este mandala y pregúntese: ¿en cual ámbito vital quiero tener reconocimiento? ¿Qué quiero irradiar? ¿Qué he logrado y qué quiero lograr todavía? El fuego es el elemento que pertenece a este ámbito vital. El tono fuego, que le sirve de fondo al mandala, fortalece el plano en el cual su fuego interno arde y lo mantiene en un alto nivel de energía.

Ba Gua 9:
fama y reconocimiento

9

Trigrama:
Li – Fuego

Elemento: fuego

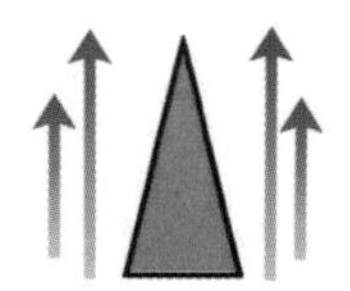

Color: rojo

El "ojo que todo lo ve" dibujado por un triángulo y un ojo, suele ser un símbolo de poder que se incluye como una representación de Dios todopoderoso.

▲ *Klaus Holitzka,* Reposo. *Aguatinta.*

Aguatinta

La fama y el reconocimiento se pueden obtener en diferentes planos.

El cuadrado representa el éxito y el reconocimiento en el plano material. Es el pago por los resultados obtenidos, el reconocimiento por los logros profesionales y la realización de los planes y proyectos.

El triángulo simboliza el plano espiritual, es el símbolo que incita al desarrollo y la búsqueda espiritual. Significa la unión entre el cielo y la tierra. Como signo, representa el paso de la parte material, el cuadrado a la unidad del alma con el todo que es el círculo.

En este ámbito este cuadro fortalece sus visiones y metas y en tiempos difíciles le recuerda su fuerza y la certeza de que usted realizará estas metas.

Ba Gua 9:
fama y reconocimiento

9

Trigrama:
Li – Fuego

Elemento: fuego

Color: rojo

P.M. Seudónimo del autor suizo que escribió el libro *Bolo'bolo,* donde describe una tribu en una utópica visión ecológica del futuro. Para esta obra, el autor inventó la lengua asa'pili, cuyo glifo bolo, conformado por tres figuras básicas –círculo, cuadrado y triángulo– significan comunidad, tribu y unidad.

Paisajes

El fuego es el elemento de este ámbito Ba Gua, toda la energía de este ámbito vital es de fuego.

Quien de manera persistente quiera lograr algo en la vida, ya sea espiritual o material, debe dedicarle energía. Los componentes esenciales de esta conformación vital, que es muy activa, son la fortaleza vital fundamental, el desempeño físico y la fuerza de los pensamientos dirigidos hacia la meta.

El fuego extrae su energía de un material combustible que él transforma y lo lleva a otro estado de la materia. En este proceso resplandece hacia arriba e ilumina grandes sectores.

El pájaro de fuego, el fénix, es símbolo de pureza e iluminación. En combinación con el color rojo intensifica este cuadro en el plano elemental, el fuego del espíritu.

Ba Gua 9:
fama y reconocimiento

Trigrama:
Li – Fuego

Elemento: fuego

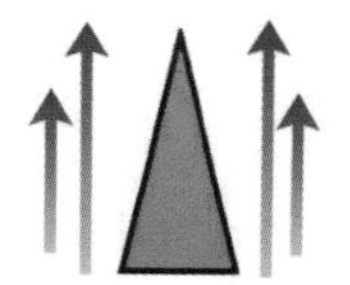

Color: rojo

Aproveche la gama de colores que pueden ofrecer las flores para vitalizar los espacios.

Los cinco elementos

El ciclo eterno de la transformación

Todo el pensamiento chino y las doctrinas y ciencias que de él surgen, se basan en la observación de los acontecimientos naturales y del efecto que producen entre sí. En el sistema de los "cinco elementos" este pensamiento se expresa de una manera especial. Los elementos chinos no designan puramente objetos como los cuatro elementos –tierra, agua, fuego y aire–, sino que, además, según el pensamiento chino, materializan fuerzas espirituales, esencias o principios energéticos. Representan simbólicamente las propiedades básicas de la materia.

Si observamos la naturaleza en todas sus manifestaciones, nos daremos cuenta de que todas las cosas están sometidas al cambio constante en todas partes. Los cinco elementos encarnan, por lo tanto, energías que se transforman o principios en movimiento con los cuales esas energías vivas se manifiestan. La doctrina de los cinco elementos, a su vez, explica que los elementos aislados constituyen un todo y que están inseparablemente unidos.

Los elementos individuales y las cualidades que se les atribuyen

Madera: arraiga, tendencia hacia arriba, crecimiento, elasticidad.
Forma de la energía: se expande en todos los sentidos.

Fuego: calor, ascenso, móvil, seco.
Forma de la energía: tendencia hacia arriba.

Tierra: productivo, fértil, fomenta el crecimiento, fundamenta.
Forma de la energía: expansiva, unificadora.

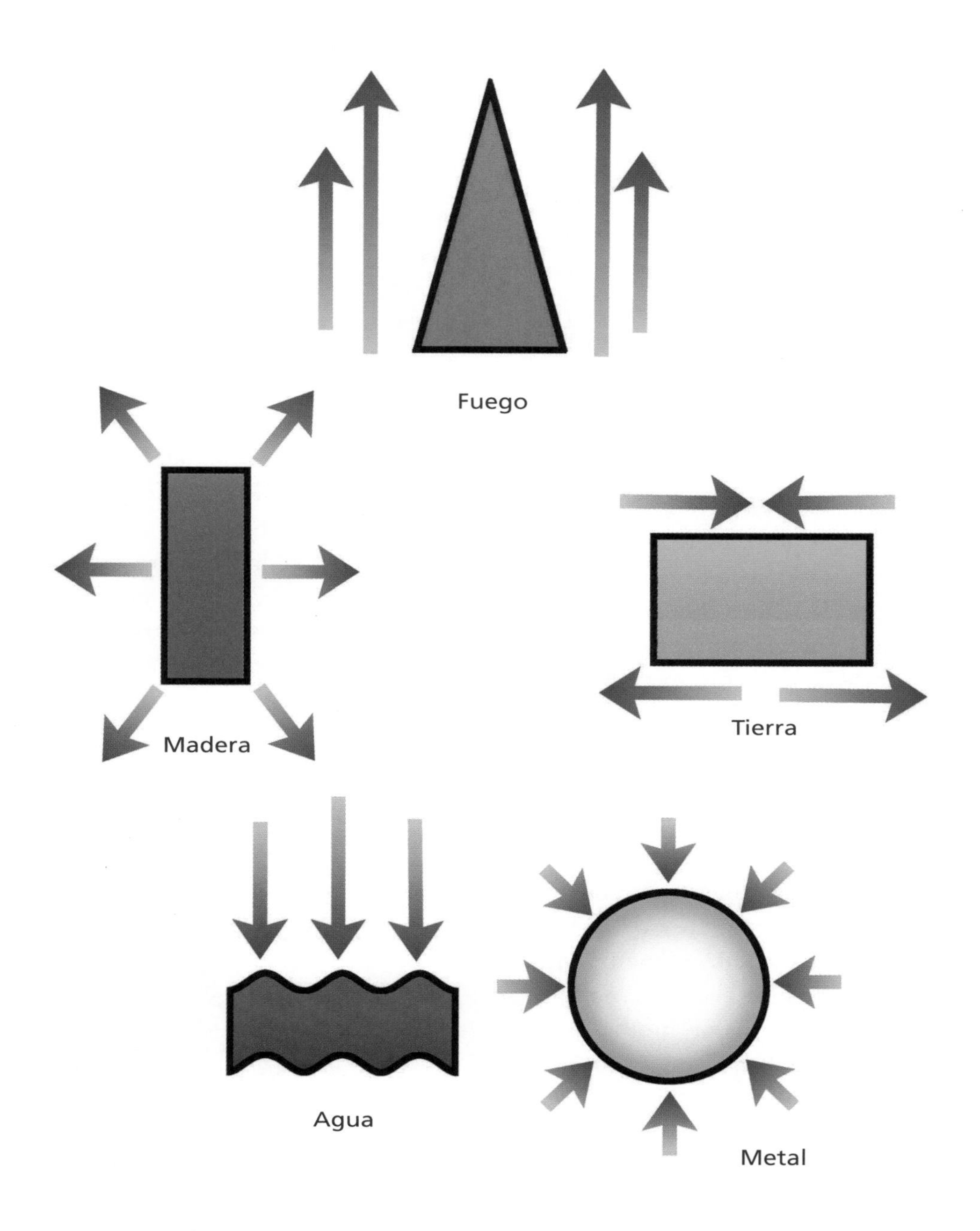

▲ *Los cinco elementos: fuego, tierra, metal, agua, madera.*

Metal: duro, cortante, rígido, directivo.
Forma de la energía: dirigida hacia adentro, concentra.

Agua: fluida, adaptable, fría, húmeda, descenso.
Forma de la energía: hacia abajo y se expande hacia los lados.

Todo lo que hay en el mundo se puede incluir dentro de alguno de los cinco elementos. Cada parte del día, cada estación del año, cada punto cardinal, las formas, los colores, los materiales, los fenómenos naturales, los sentimientos, las características y los edificios y objetos construidos por los seres humanos se pueden clasificar como pertenecientes a uno u otro elemento. Cada uno de los cinco elementos tiene una energía muy propia, características y formas de comportamiento que se influyen mutuamente y que continuamente se transforman en otras, dominan o se deshacen.

El Yin y el Yang

Con el Ying y el Yang los chinos designan aquellos opuestos aparentemente irreconciliables pero que se complementan y de los cuales está constituido el universo y nuestra vida. Esa dualidad o polaridad se encuentra en todas partes del universo y se define mutuamente. Sabemos cuándo es de día porque conocemos la noche como su opuesto.

Lo que es blando se define a partir de lo que es duro, lo joven en relación con el viejo y lo caliente mediante lo frío. El Yin y el Yang se presentan siempre como un par y en el juego eterno de transformación del uno en el otro radica el secreto del equilibrio armónico. Pero no hay nada que sea solamente Yin o Yang sino que cada cosa tiene en sí características Yin y también Yang. El símbolo del Yin y el Yang representa esto de una manera visualmente muy clara. En el Yin crece el Yang como punto blanco en la superficie negra y en el Yang siempre está el Yin como punto negro en la superficie blanca. El principio del Yin y el Yang busca el equilibrio y el cambio en un proceso eterno de ser y no ser.

Observemos el Yin y el Yang como las características fundamentales del mundo, así los cinco elementos hacen evidente la transformación constante entre estos dos opuestos. Cuando el invierno es más oscuro y frío ya comienza a desarrollarse el verano, porque los días comienzan a hacerse más largos y así comienza el cambio de la estación. Y en la mitad del verano, cuando el sol alcanza su punto más alto y calienta más, comienza el invierno a desarrollarse inconteniblemente y los días comienzan paulatinamente a hacerse más cortos y fríos.

El bambú, símbolo del equilibrio Ying Yang. Bambú , *Xu Wei, 1540-1590.*

En la medida en que el Yin del invierno se hace menor, aumenta el Yang del verano y, apenas se alcanza el gran Yang, retrocede de nuevo y busca el equilibrio del Yin.

Cada uno de los cinco elementos tiene características tanto Yin como Yang que se transforman continuamente y que están en relación e intercambio con cada uno de los otros. Cada uno encarna diferentes formas de manifestación y de estados de energía.

Ya sea en los ciclos de la naturaleza, en la vida, en el cuerpo o en la vivienda, la armonía, la salud y el bienestar están allí donde los cinco elementos se encuentran equilibrados y pueden actuar los unos sobre los otros.

Los cinco elementos no solo se usan en el Feng Shui; ellos son los elementos tradicionales de los chinos, de su actitud ante el mundo. También se emplean en las doctrinas de la acupuntura, acupresión y la alimentación, así como en el tratamiento mediante hierbas y en el Qi Gong[10]. Para todas esas doctrinas esto es válido: si se sobrecarga un elemento o una fuerza, las demás entran también en desequilibrio y producen trastornos físicos o anímicos e irritación.

¿Cómo conformar y arreglar su vivienda con los colores, formas y características de los cinco elementos para que haya un armonioso equilibrio entre ellos? Se lo indicaremos en las próximas páginas.

En general, un principio válido para todo el arreglo es: si están presentes todos los elementos mediante colores o formas, ya se habrá logrado la mejor base para una atmósfera plena de fortaleza.

[10] Una forma de meditación.

Tabla de los elementos

Elemento	Formas	Colores	Materiales	Significado
Madera	Rectangular Más alto que ancho Vertical Cuadrante Columna	Verde	Madera Papel Plantas	Vida Crecimiento Vitalidad Bondad e ira
Fuego	Puntiagudo Triangular Estrellado Piramidal Dentado	Rojo Naranja Violeta Lila Rosa	Fuego Diamante	Calor Pasión Excitación Expresión Alegría y odio
Tierra	Rectangular Cuadrático Ancho, no alto Bajo Penetrado Horizontal	Amarillo Castaño Beige Ocre Naranja	Piedra Arcilla Cerámica Porcelana Ladrillo Fibras naturales	Permanencia Seguridad Comodidad Calma y preocupación
Metal	Redondo Oval Arqueado En forma de cúpula	Blanco Plateado Dorado	Todos los metales	Concentración Liderazgo Organización Duración Ánimo y aflicción
Agua	Irregular Ondulado Caótico Encogido Deforme	Azul (negro)	Agua	Fuerza Intercambio Movimiento Profundidad Apaciguamiento Moderación y miedo

La influencia mutua de los cinco elementos

Los cinco elementos se comportan de una manera cíclica entre sí. Esto quiere decir que se desempeñan en secuencia dentro de un ciclo eterno. Ellos se crean y se necesitan unos a otros, se alimentan, se agotan o se destruyen de manera continua y dependiente. Para poder valorar el efecto de un elemento tenemos que observar su entorno inmediato y su efecto mutuo.

El ciclo de la alimentación y el agotamiento

Dos corrientes de energía aparentemente opuestas dominan las relaciones entre los cinco elementos. Una corriente de energía se llama ciclo de alimentación o de creación, porque cada elemento produce el siguiente, lo vivifica y lo alimenta. Así como un niño nace de su madre, es alimentado y cuidado por ella, asimismo se comportan los elementos unos con otros. Entonces, cuando el elemento que avanza se encuentra con el siguiente, y lo contrario, surge una mezcla armónica de color, forma y material.

La madera arde para alimentar el fuego. La ceniza del fuego alimenta la fertilidad de la tierra donde se encuentra el metal que se derrite y fluye como el agua. El agua deja que crezca la madera que de nuevo nutre el fuego... etcétera.

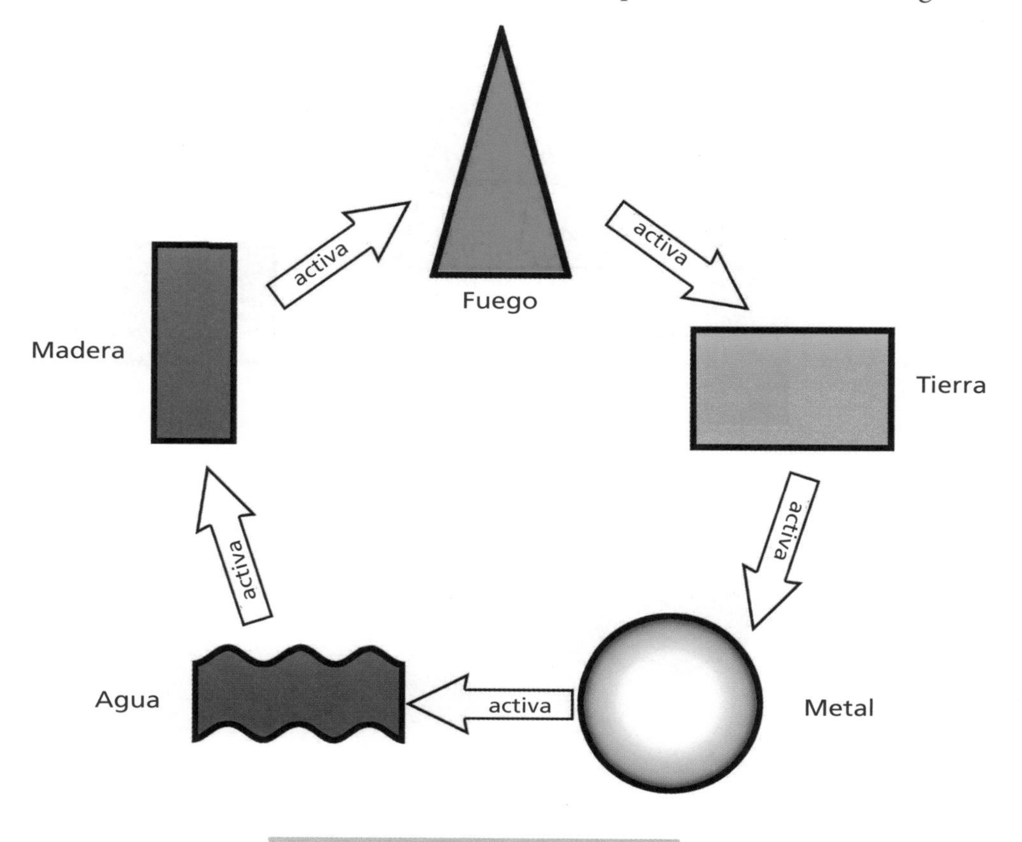

El ciclo de control o destructivo

La otra corriente de energía se llama el ciclo de control o de conflicto, algunas veces se lo denomina también el ciclo de la destrucción. Aquí, un elemento utiliza otro para tomar su fuerza y destruye sus características.

En ese ciclo se aniquila un elemento. Aun cuando las diferentes designaciones de esta corriente de energía no prometen nada bueno, ese ciclo tiene, sin embargo, su lado bueno. Por ejemplo, el agua apaga incendios, y la tierra que ensucia el agua se acumula en algún lugar como suelo fértil y prepara así el camino para un nuevo crecimiento. Al crecer, la madera extrae de la tierra su alimento. La tierra purifica el agua. Con el agua se apaga el fuego, el calor del fuego derrite el metal. El metal domina la madera porque la corta. Para que pueda surgir nueva madera esta tiene que extraer el alimento de la tierra y así sucesivamente...

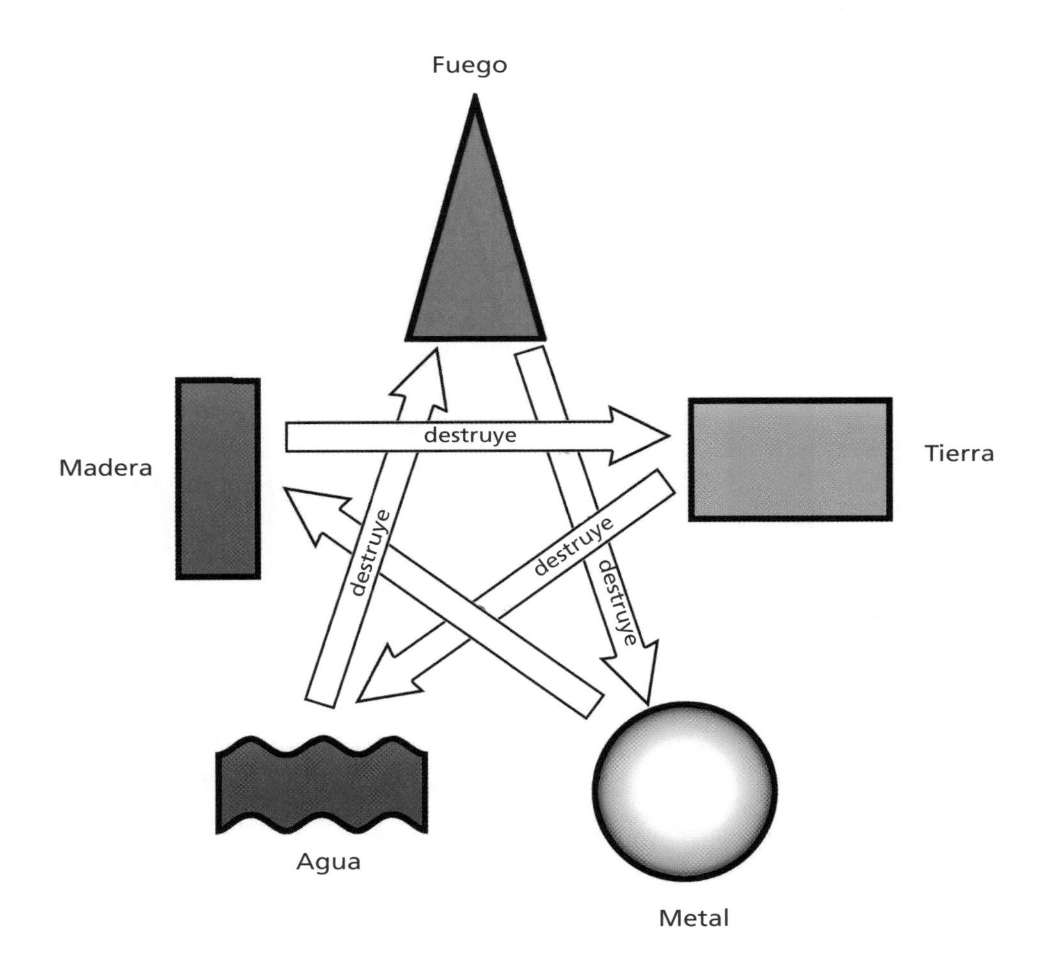

Con la ayuda de los ciclos de creación y destrucción se puede verificar cuáles elementos predominan y por qué quizá oprimen a otros. El sistema de los cinco elementos descubre una forma distinta de entender el entorno y ayuda a evitar visiones unilaterales que no son sanas. Tan pronto como empiece a emplear los principios de los cinco elementos para equilibrar las fuerzas, descubrirá toda la armonía que podrá atraer a su espacio y a su vida.

Ciclo de la alimentación

La madera alimenta el fuego,
el fuego fertiliza la tierra,
la tierra genera metal,
el metal produce agua,
el agua alimenta a la madera.

Ciclo de control o destructivo

El fuego derrite el metal,
el metal corta la madera,
la madera debilita a la tierra,
la tierra estanca el agua,
el agua apaga el fuego.

Fuego

Tierra

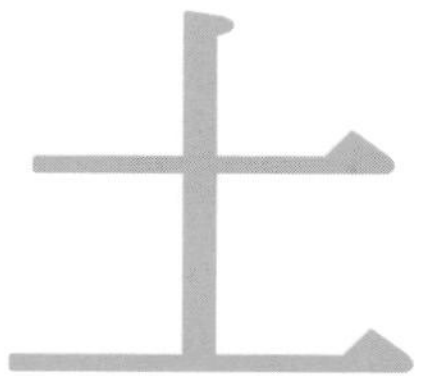

Madera

Agua

Metal

Armonía mediante los colores

Muchos problemas en el ámbito de la vivienda se pueden solucionar mediante los principios de los cinco elementos. Los colores y las formas son portadores de energía y, por ello, tienen influencia sobre los seres humanos.

Una alcoba que esté arreglada con demasiados tonos rojos y formas poco tranquilizadoras no producirá un ambiente que propicie el sueño; a ese espacio deben llevarse colores y formas de tranquilidad. Por el contrario, en los ámbitos de la sala y el comedor, las combinaciones de colores vivos y formas variadas producen un efecto estimulante que activa esos lugares.

Al decidir si una habitación debe producir un efecto estimulante o tranquilizador, el color tendrá un papel fundamental. Cuando dos colores del ciclo creativo están juntos, producen una atmósfera de color agradable. Asimismo, cuando el elemento nutritivo "madre" encuentra el elemento nutrido "hijo" , y lo contrario, surge la armonía.

Cuanto más fuerte es un color, menor cantidad de él necesitaremos. Un cuadro pequeño con fuertes tonos rojos es suficiente para intensificar el elemento fuego en el ámbito Ba Gua de la fama y el reconocimiento. Para lograr el mismo efecto con un suave color violeta, se necesita una superficie más grande de ese color como una alfombra o un sofá.

Distribución de los colores en el ciclo creativo

Verde - Rojo	La madera nutre el fuego.
Rojo - Amarillo	El fuego fertiliza la tierra.
Amarillo - Blanco	La tierra produce el metal.
Blanco - Azul	El metal produce agua.
Azul - Verde	El agua hace crecer la madera.

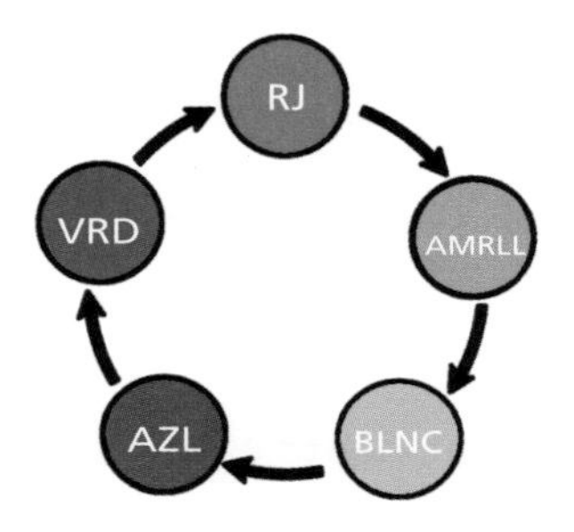

Naturalmente, se pueden usar tres o más colores. Lo más importante es que estén en el ciclo de la creación (véase el gráfico de arriba) unos junto a otros, para que se cree una distribución armónica.

De manera opuesta, los colores que se relacionan en los ciclos de destrucción (véase el gráfico de p. 153) producen energía que estimula el conflicto y actúan como señales de alarma en nuestro subconsciente. Ese efecto puede ser algunas veces intencional. Esas combinaciones de colores son escogidas y luego aplicadas cuando se quiere despertar una atención especial. Muchas señales de tránsito, por ejemplo, son diseñadas en blanco y rojo. También en la propaganda se busca el efecto de esta combinación de colores para atraer la atención.

Distribución de los colores en el ciclo destructivo

Rojo - Blanco	El fuego destruye el metal.
Blanco - Verde	El metal corta la madera.
Verde - Amarillo	La madera desgasta la tierra.
Amarillo - Azul	La tierra ensucia el agua.
Azul - Rojo	El agua apaga el fuego.

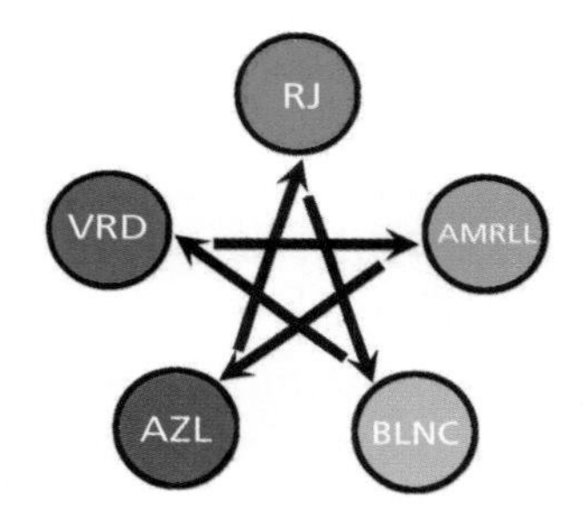

En nuestros espacios de trabajo y vivienda nos interesa poner en armonía las energías entre sí y aumentar el flujo de energía en general. Una habitación que se mantenga primordialmente dentro de la combinación rojo y blanco nos mantendría siempre en actitud de alerta, un estado de ánimo que no parece ser muy conveniente en casa.

Pero de una asociación destructiva de colores se puede producir una creativa. Para ello, bastará introducir los elementos que hacen falta para que el ciclo sea constructivo.

Supongamos que se tiene un sofá rojo en una habitación pintada de blanco. Para desactivar el conflicto solo se necesita agregar el elemento que falta, el amarillo (tierra). Esto se puede conseguir con un cojín, un cuadro, una poltrona o una alfombra en las que predomine el color ocre o castaño.

Con poco esfuerzo se ha creado el ciclo productivo de rojo (fuego), amarillo (tierra), blanco (metal), y una distribución armoniosa de colores.

Según los principios de los cinco elementos, para transformar una distribución destructiva en una armónica, solo se tiene que agregar el elemento que sigue en la secuencia del ciclo creativo.

La combinación amarillo-azul se armoniza con el blanco; la combinación verde-blanco, con el azul; verde-amarillo, con el rojo y azul-rojo, con verde.

En la práctica, por ejemplo, un sofá amarillo con dos cojines azules no irradiará armonía. Pero si se cambia un cojín azul por uno blanco se produce un ciclo creativo amarillo-blanco-azul (Tierra, metal, agua).

O, si por ejemplo las paredes de su habitación son amarillas o color ocre y por todas partes hay plantas verdes, lo que puede hacer para armonizar es introducir un color que pertenezca al elemento fuego. Unas macetas rojas son una buena idea para armonizar fácilmente el ciclo destructivo y convertirlo en la combinación creativa verde-rojo-amarillo. Ciertamente también se puede crear un ambiente equilibrado allí mediante cuadros, cortinas o una alfombra que tenga los colores del elemento fuego.

O si una pared está pintada de color rojizo y el techo irradia en puro blanco, en ese caso un adorno de color tierra entre los colores conflictivos creará un equilibrio armonioso rojo-amarillo-blanco (fuego-tierra-metal).

Después de esta explicación sobre los ciclos creativos y destructivos, ya podemos estudiar detenidamente la combinación de colores en su vivienda. Mediante pequeñas correcciones del color se pueden provocar grandes cambios. Haga la prueba primero en algunos lugares y podrá sentir cómo esto atrae más calma y armonía a sus habitaciones.

El elemento personal según el nacimiento

El calendario chino le atribuye a cada año un animal y uno de los cinco elementos[11]. En la tabla de la página 155 encontrará su elemento personal frente al año de su nacimiento. El elemento de su nacimiento expresa con qué colores y formas puede proteger y cuidar su personalidad y cuáles elementos más bien la debilitan. Fíjese, eso sí, que el año nuevo chino no coincide con el calendario occidental corriente. El año nuevo chino empieza a comienzos de febrero, en la segunda luna nueva después del solsticio de invierno[12]. Si usted nació antes del año nuevo chino de 1962, el 5 de febrero, por ejemplo, entonces su elemento es el del año anterior, en ese caso, 1961.

Una pregunta que siempre se presenta en relación con el elemento del nacimiento es acerca de la diferencia de la atribución de los elementos en la astrología de la China y la de Occidente. Según la astrología de Occidente, una persona puede pertenecer al elemento tierra pero ser del elemento agua según el calendario chino. Lo que hay que aclarar es que se trata de dos sistemas totalmente diferentes que no se pueden comparar, porque el sistema chino de los cinco elementos tiene otros puntos fuertes y otras metas distintas a las del sistema astrológico de los cuatro elementos.

El elemento chino señala, por ejemplo, cómo reaccionan el cuerpo y el espíritu a su entorno inmediato, por la acción del ciclo de nutrición y destrucción. La astrología occidental, por el contrario, no parte de que la fuerza de los planetas actúa sobre nosotros. Más bien se entiende como una especie de reloj: el tiempo y las circunstancias bajo cuyo signo nace un ser humano.

El elemento chino representa la fuerza interior con la que usted ha nacido y la forma como usted se relaciona con la vida. Muestra la fuerza de su vida, su impulso interior, el sentimiento básico a partir del cual usted contempla la vida.

Los elementos del nacimiento se caracterizan por las siguientes propiedades

Madera	cargado de energía, vivaz, progresivo.
Fuego	impetuoso, apasionado, abierto.
Tierra	arraigado, calmado, equilibrado, cuidadoso.
Metal	fuerte, estable y controlado, terco.
Agua	móvil, fantasioso, le agrada el contacto.

[11] Cada persona tiene en el Feng Shui y también en la astrología china varios elementos con diferentes atribuciones. Por razones prácticas en este libro me concentro solamente en el elemento relativo al nacimiento.

[12] 21 de diciembre.

Con frecuencia, el color de nuestro elemento de nacimiento es nuestro color preferido, sobre todo en la infancia tenemos una atracción fuerte inconsciente hacia él. En la madurez el color del elemento fortalece el niño interior y lo ayuda a expresarse exteriormente. Para fortalecer su personalidad puede emplear el color de su elemento y los colores vecinos dentro del ciclo constructivo para elegir su ropa.

Tabla de los elementos según el nacimiento y los signos astrológicos chinos

Año de nacimiento	Comienzo del año chino	Elemento	Signo estelar chino
1920	20. 02	Metal	Mono
1921	08. 02	Metal	Gallo
1922	28. 01	Agua	Perro
1923	16. 02	Agua	Cerdo
1924	05. 02	Madera	Rata
1925	25. 01	Madera	Buey
1926	13. 02	Fuego	Tigre
1927	02. 02	Fuego	Conejo
1928	23. 01	Tierra	Dragón
1929	10. 02	Tierra	Serpiente
1930	30. 01	Metal	Caballo
1931	17. 02	Metal	Cabra
1932	06. 02	Agua	Mono
1933	26. 01	Agua	Gallo
1934	14. 02	Madera	Perro
1935	04. 02	Madera	Cerdo
1936	24. 01	Fuego	Rata
1937	11. 02	Fuego	Buey
1938	31. 01	Tierra	Tigre
1939	19. 02	Tierra	Conejo
1940	08. 02	Metal	Dragón
1941	27. 01	Metal	Serpiente

Año de nacimiento	Comienzo del año chino	Elemento	Signo estelar chino
1942	15. 02	Agua	Caballo
1943	05. 02	Agua	Cabra
1944	25. 01	Madera	Mono
1945	13. 02	Madera	Gallo
1946	02. 02	Fuego	Perro
1947	22. 01	Fuego	Cerdo
1948	10. 02	Tierra	Rata
1949	29. 01	Tierra	Buey
1950	17. 02	Metal	Tigre
1951	06. 02	Metal	Conejo
1952	27. 01	Agua	Dragón
1953	14. 02	Agua	Serpiente
1954	03. 02	Madera	Caballo
1955	24. 01	Madera	Cabra
1956	12. 02	Fuego	Mono
1957	31. 01	Fuego	Gallo
1958	18. 02	Tierra	Perro
1959	08. 02	Tierra	Cerdo
1960	28. 01	Metal	Rata
1961	15. 02	Metal	Buey
1962	05. 02	Agua	Tigre
1963	25. 01	Agua	Conejo
1964	13. 02	Madera	Dragón
1965	02. 02	Madera	Serpiente
1966	21. 01	Fuego	Caballo
1967	09. 02	Fuego	Cabra
1968	30. 01	Tierra	Mono
1969	17. 02	Tierra	Gallo
1970	06. 02	Metal	Perro
1971	27. 01	Agua	Cerdo
1972	15. 02	Agua	Rata

Año de nacimiento	Comienzo del año chino	Elemento	Signo estelar chino
1973	03. 02	Metal	Buey
1974	23. 01	Madera	Tigre
1975	11. 02	Madera	Conejo
1976	31. 01	Fuego	Dragón
1977	18. 02	Fuego	Serpiente
1978	07. 02	Tierra	Caballo
1979	28. 01	Tierra	Cabra
1980	16. 02	Metal	Mono
1981	05. 02	Metal	Gallo
1982	25. 01	Agua	Perro
1983	13. 02	Agua	Cerdo
1984	02. 02	Madera	Rata
1985	20. 02	Madera	Buey
1986	09. 02	Fuego	Tigre
1987	29. 01	Fuego	Conejo
1988	17. 02	Tierra	Dragón
1989	06. 02	Tierra	Serpiente
1990	27. 01	Metal	Caballo
1991	15. 02	Metal	Cabra
1992	04. 02	Agua	Mono
1993	23. 01	Agua	Gallo
1994	10. 02	Madera	Perro
1995	31. 01	Madera	Cerdo
1996	19. 02	Fuego	Rata
1997	07. 02	Fuego	Buey
1998	28. 01	Tierra	Tigre
1999	16. 02	Tierra	Conejo
2000	05. 02	Metal	Dragón
2001	24. 01	Metal	Serpiente
2002	12. 02	Agua	Caballo
2003	01. 02	Agua	Cabra

Año de nacimiento	Comienzo del año chino	Elemento	Signo estelar chino
2004	22. 01	Madera	Mono
2005	29. 02	Madera	Gallo
2006	29. 01	Fuego	Perro
2007	18. 02	Fuego	Cerdo
2008	07. 02	Tierra	Rata
2009	26. 01	Tierra	Buey
2010	14. 02	Metal	Tigre
2011	03. 02	Metal	Conejo
2012	23. 01	Agua	Dragón
2013	10. 02	Agua	Serpiente
2014	30. 01	Madera	Caballo
2015	19. 02	Madera	Cabra
2016	08. 02	Fuego	Mono
2017	28. 01	Fuego	Gallo
2018	15. 02	Tierra	Perro
2019	04. 02	Tierra	Cerdo
2020	24. 01	Metal	Rata
2021	11. 02	Metal	Buey
2022	01. 02	Agua	Tigre
2023	21. 01	Agua	Conejo
2024	09. 02	Madera	Dragón
2025	29. 01	Madera	Serpiente

▲ *Los cinco animales: fénix, tigre, tortuga, dragón, serpiente.*

Los cinco animales

Los comienzos del Feng Shui se remontan a la antigüedad de la historia de la humanidad. Aún cuando la vida de un ser humano moderno es muy diferente de la de sus ancestros, sus necesidades esenciales han permanecido iguales a través de los milenios en todo el mundo.

Cada persona necesita una cierta cantidad de protección y seguridad para sentirse bien y poder enfrentar las exigencias variadas de la vida. Para nuestros ancestros las cavernas naturales ofrecían, ante todo, un lugar seguro protegido del viento y de las lluvias, del calor del verano o del frío del invierno. La visión amplia que ofrecía sobre el paisaje la entrada de la cueva permitía asegurarse de que los animales salvajes o los enemigos fueran vistos a tiempo y pudieran ahuyentarse mientras se gozaba de la protección de las paredes. La continuidad y la estabilidad hacían que todos supieran lo que era necesario para la vida de la tribu, como el alimento y el abrigo.

También vive en nosotros el impulso de explorar nuevos espacios vitales, superar las fronteras limitadas y crear para nosotros y nuestros descendientes mejores condiciones de vida. Por eso tenemos un impulso hacia la libertad y la expansión. Para esto se requiere desarrollar la fortaleza y el impulso a la acción, tomar la vida entre las propias manos y moldearla según nuestros ideales. Y, finalmente, todos necesitamos calma y paz, darle tiempo a nuestro cuerpo para descansar y al espíritu para manifestarse.

Cuando satisfacemos estas necesidades fundamentales, hemos hallado un lugar poderoso.

Las cinco necesidades fundamentales

Por todas partes se pueden encontrar ejemplos de cómo esas cinco necesidades influyen en la vida de todos los seres humanos: la seguridad, la continuidad, la acción, el reposo y la visión panorámica.

Haga un simple ejercicio: vaya a un restaurante vacío y vea cuáles mesas se ocupan primero. Descubrirá que las personas eligen mesas que tienen una pared detrás, que están rodeadas de otras personas o que tienen al lado un muro de separación que, sin embargo, les permite ver hacia la puerta. Ahora piense que el lugar donde un bebé mejor se siente es en el regazo de un adulto. Detrás de él hay un cuerpo fuerte y grande que lo sostiene, hacia abajo encuentra un piso estable y enfrente se despliega todo el mundo para descubrirlo.

En el Feng Shui se encarnan esas cinco necesidades fundamentales de manera simple en cinco animales. Tradicionalmente se atribuyen los animales al centro (nosotros mismos) y a los cuatro puntos cardinales.

- La tortuga oscura ofrece abrigo de los vientos fríos del norte y se le atribuye al invierno.
- El dragón verde está en el oriente y representa el despertar de la primavera.
- En el sur vuela el ave fénix hacia el verano.
- El tigre blanco duerme en el occidente y representa el otoño.
- En el centro está la serpiente enroscada. Ella no es una estación del año sino que representa el paso de una estación a otra.

El sitio ideal

En una situación ideal, la ciudad está a los pies de una cadena de montañas en forma de herradura limitada por un lado por la suave caída de la montaña hacia un río.

Una casa en esa ciudad debe estar protegida por detrás por un edificio alto o por grandes árboles. Unos árboles menos altos o algunos

arbustos la protegen por los lados. Al frente debe haber un espacio abierto y la vista sobre el jardín debe estar libre.

El mejor sitio en esta casa es aquel donde tengamos una pared fuerte detrás de nosotros que nos brinde protección, a los lados paredes, muebles o cuadros que le den un descanso a la vista y frente a nosotros el espacio abierto. El mejor mueble de la habitación según la doctrina de los cinco animales es un sillón con un espaldar alto y apoyos laterales para los brazos; en esas sillas nos sentimos seguros y fuertes, la cabeza y la espalda están apoyadas, los brazos reposan cómodamente en los brazos del sillón, el cuerpo se relaja casi automáticamente y respiramos más profunda y libremente. Protegidos por tres lados y sostenidos por el asiento de manera sólida podemos dar rienda suelta a nuestros sueños diurnos o dirigir poderosamente nuestra energía hacia fuera.

Si se quiere relajar en su casa o si busca en el restaurante o el cine un buen sitio, si quiere retirarse a un sitio idílico para descansar, o si se quiere concentrar en su trabajo, usted puede crear con los cinco animales un lugar de calma y poder de manera sencilla y efectiva en cualquier sitio.

Serpiente, tortuga, fénix, dragón, tigre

La mejor forma de familiarizarse con los cinco animales consiste en colocarse a sí mismo en el centro, en el lugar de la serpiente. Así se obtiene una impresión espacial y sensorial de ellos y los recordará mejor.

Serpiente

Imagínese que se encuentra en el lugar de la serpiente, este es el punto central de su percepción del mundo. Aquí está el centro de su cuerpo que está protegido, cuidado y atendido por los otros animales. Con ellos tiene usted asesores sabios y guardianes poderosos a su lado.

Tortuga

Ahora imagínese que detrás de su espalda se destaca el fuerte caparazón de una gran tortuga que lo protege de todos los peligros que pueden amenazarlo. Como no tenemos ojos por detrás que nos puedan avisar sobre los peligros a tiempo, nos sentimos más amenazados por las cosas que nos amenazan por la espalda. Una parte de nuestra atención se dirige instintivamente hacia allí para no ser sorprendidos. Allí donde nos sentimos más vulnerables necesitamos el fuerte caparazón de la tortuga.

Si falta la tortuga, es decir, el espacio protegido detrás de nosotros, se tensionan inconscientemente los músculos de la nuca y de la espalda para crear una "coraza". Esto hace que una gran cantidad de energía se concentre en esa coraza inconsciente, energía que bien podría ser utilizada de manera más efectiva en su actividad creativa o en su trabajo profesional.

Por este motivo es que muchos niños no logran concentrarse en su escritorio, por lo que las tareas y el aprendizaje les resultan difíciles.

Si en su puesto de trabajo usted tiene a sus espaldas una pared fuerte, entonces sentirá la poderosa protección de la tortuga. En ese sitio se va usted a sentir seguro y protegido, pues no temerá una desagradable sorpresa por la espalda. Dicho de otra manera, la tortuga le cubrirá la espalda a su casa, en la forma de una montaña, árboles altos u otra casa.

Fénix

Cuando se dirige la atención hacia delante, se eleva hacia el cielo el pájaro rojo del fuego que representa la infinita amplitud, la libertad y las nuevas posibilidades de la vida. Todos nuestros movimientos, sean físicos o espirituales, nos deben llevar hacia delante y, por ello, el espacio que esté delante de nosotros debe estar libre, abierto y no debe tener obstáculos.

Según el entendimiento occidental, el ave fénix legendario es un símbolo de la inmortalidad y un recordatorio de que la vida comienza de nuevo cada día. Él siempre emerge de sus propias cenizas y busca nuevas experiencias, sin importar cuántas veces se le haya quemado o se le haya herido.

Según la comprensión china, el pájaro rojo fénix es una deidad del viento cuyo cuerpo encarna las cinco propiedades humanas: la cabeza, la virtud; las alas, las obligaciones; el lomo, la conducta adecuada; el pecho, la humanidad y el estómago, la confiabilidad.

Quien puede volar como un fénix libremente en el cielo y contemplar su camino en el aire, ve el mundo desde una perspectiva bien diferente. Desde allá arriba percibe otras cosas distintas a las que ve un ser ligado a la tierra. La alegría de vivir, la fantasía y la apertura espiritual también son sus características, junto con la confiabilidad, el reconocimiento, la fortaleza y la fama.

Un buen lugar para las necesidades del fénix en usted se describe mediante el hecho de que le permite lanzar una mirada libre y desembozada al espacio. Con la tortuga en la espalda, la mirada libre del fénix procura que no lo asusten las sorpresas.

Dragón

Al lado izquierdo está el dragón verde. En el Feng Shui este es el guardián grande y poderoso que protege y fortalece nuestro lado izquierdo. Los dragones son considerados en general como seres de visión amplia y sabia y, por ello, encarnan nuestro deseo de conocimiento y nuevos aprendizajes. Con un dragón fuerte al lado izquierdo la vida será guiada de manera racional hacia un objetivo. Según la leyenda, los dragones pueden llegar a ser muy viejos y en ese largo recorrido con frecuencia traen consigo grandes tesoros que cuidan y acrecientan con mucha dedicación. A su lado izquierdo hay, pues, un dragón que representa la continuidad, el bienestar y una actitud hacia la vida muy calmada y abierta.

Para sentirse bien en un escritorio o en la cama, la parte izquierda debe estar protegida por un mueble, una planta o un cuadro con un símbolo adecuado que llegue a la altura de los hombros o de la cabeza. Esto transmite seguridad y encarna la protección y la continuidad del dragón. En el entorno de su casa es muy benéfico tener un edificio alto como vecino o un árbol no muy grande hacia la parte de atrás.

Tigre

Al lado derecho descansa el tigre blanco. Es más pequeño que el dragón, pero su naturaleza es la de un animal salvaje, imprevisible y que en caso de necesidad puede atacar rápidamente y protegerse. Con la fuerza y rapidez del tigre en su lado derecho usted tiene un gran poder de acción y destreza de movimiento, dos cualidades que son de extraordinaria utilidad en la vida cotidiana. Un tigre despierto pero calmado encarna hechos interesantes, impulso a la acción y poderosa movilidad de cuerpo y espíritu. Pero cuidado, un tigre siempre es propenso al ataque y si se siente acorralado se convierte en un animal peligroso cuya fuerza salvaje y destructora no se puede controlar.

El tigre es más pequeño pero tan salvaje como el dragón; por ello, el lado del tigre debe tener un lugar más bajo y más tranquilo. Los muebles en forma de herradura, mesitas auxiliares, o un cuadro pequeño y tranquilizante transmiten una sensación de bienestar en este lado y mantienen al tigre y al dragón en equilibrio. Si tiene un jardín, este debe estar plantado con arbustos y plantas de tamaño mediano y debe mantenerlo cerrado con una puerta de garaje o de jardín baja.

Crear sitios de poder

Los cinco animales son la forma más simple en el Feng Shui de crear un lugar pleno de fuerza para trabajar o muy apacible para relajarse. Aun cuando hasta ahora no sepa nada o muy poco sobre el flujo de la energía vital Chi, la influencia de los cinco elementos o sobre los nueve ámbitos del Ba Gua usted puede, con los cinco animales, aumentar y mejorar considerablemente la energía de los ámbitos vitales. Solo mediante la liberación de sus necesidades fundamentales en los ámbitos privados y públicos se sentirá mucho mejor y más expansivo. Adicionalmente, la calidad del espacio y de su trabajo mejorará porque se sentirá más confortable en su escritorio, estará más lleno de fantasía o porque simplemente se alegrará de estar sentado allí.

La conformación de los cinco animales se puede aplicar a todos los ámbitos vitales. Usted puede escoger con ellos el sitio para la casa que está planeando, para ubicar el jardín o para encontrar espacios cerrados cómodos.

Una vez que haya comenzado a poner en buena relación su entorno con los cinco animales, comprobará sorprendido cómo seguirá aplicando de manera inconsciente las reglas. Los cinco animales conocen muy a fondo nuestra naturaleza profunda. La mayoría de las personas confirman con sorpresa que el sitio preferido en su vivienda concuerda ampliamente con las directrices de los cinco animales. Quizá esto pueda explicarse porque las personas raramente se sientan en el elegante sofá de diseño exclusivo en el centro de la habitación o exactamente en frente de la ventana. Es muy normal que solo pocas veces usted se pueda concentrar en su escritorio cuando a su espalda hay una puerta abierta y además hay mucho movimiento.

Ponga atención también a la clase de actividad que se realiza primordialmente en la habitación por que de ella depende la altura ideal del dragón y el tigre. Si estamos en una cocina la mayor parte del tiempo estaremos de pie y el tamaño de los muebles estará de acuerdo a esa medida. En la sala y el comedor estamos por lo general sentados y por eso los muebles deben ser menos altos. En la alcoba pasamos la mayor parte del tiempo acostados y, por ello, el dragón y el tigre deben ser bajos. La armonía de los tamaños no solo favorece la fuerza simbólica de los cinco animales sino que miden si estamos integrados armónicamente con nuestro entorno.

Algunas veces nuestras viviendas son tan estrechas y tienen que cumplir con tantas tareas a la vez que aunque haya buena voluntad y creatividad, no se puede hallar un sitio ideal para el escritorio, la silla o el sofá. Cuando su escritorio, por ejemplo, está adosado a una pared, exponga la amplitud y libertad que encarna el fénix mediante un cuadro en la pared. Esto puede ser por medio de un paisaje, un mandala o cualquier otra imagen que corresponda a la simbología del fénix. En el capítulo "Los nueve ámbitos vitales" (p. 54) se encuentra más información sobre las imágenes de energía en los ámbitos que se les atribuye.

▲ *Ejemplo de una habitación de trabajo.*

Créditos imágenes

Página 16: Ma Lin, *Fuxi, with trigrams (Ba Gua) and a turtle*. Tomada de: http://tupian.hudong.com/a3_67_34_16300000358407125346349386010_jpg.html

Página 53: © charles taylor - Fotolia.com

Página 61: © Olga Drozdova - Fotolia.com

Página 63: © sahua d - Fotolia.com

Página 67: © damrongpoonnisa - Fotolia.com

Página 69: © pcphotos - Fotolia.com

Página 71: © irmaiirma - Fotolia.com

Página 73: Penjing, fotografía de Peggy Greb. Tomada de: http://www.ars.usda.gov/is/graphics/photos/jun03/k10474-1.htm

Página 77: Bronzino, *Heilige Familie mit Hl. Anna und Johannes dem Täufer*. Fuente: The Yorck Project.

Página 79: © beholdereye - Fotolia.com

Página 81: © kawano - Fotolia.com

Página 83: © edography - Fotolia.com

Página 87: © VIPDesign - Fotolia.com

Página 89: © earthsmate - Fotolia.com

Página 91: © vrabelpeter1 - Fotolia.com

Página 93: © Renaters - Fotolia.com

Página 97: Franz Marc, *Zorros*, 1913. Fuente: The Yorck Project.

Página 99: © Nathalie Moscowskaya - Fotolia.com

Página 101: © bittedankeschön - Fotolia.com

Página 103: © Kautz15 - Fotolia.com

Página 107: © Sergey Tokarev - Fotolia.com

Página 109: © NiDerLander - Fotolia.com

Página 111: © Nikki Zalewski - Fotolia.com

Página 113: © Olga Lyubkin-Fotolia.com

Página 114: Roger de La Fresnaye, *Homme assis*, 1914. Fuente: The Yorck Project

Página 119: Hans Thomas, *La ronda infantil*, 1884. Fuente: The Yorck Project

Página 121: © cienpiesnf - Fotolia.com

Página 123: Vincent Van Gogh, *Paisaje vespertino a la salida de la luna*, 1889.

Página 127: © Robert Cocquyt - Fotolia.com

Página 129: © irmaiirma - Fotolia.com

Página 131: © Arkady Chubykin - Fotolia.com

Página 133: Dominio público Hua Yen

Página 136: Franz Marc, *Los cuatro perros que acompañan al Príncipe Jusuff*, 1913. Fuente: The Yorck Project.

Página 137: © thepoo - Fotolia.com

Página 139: © makaule - Fotolia.com

Página 140: © alkkdsg - Fotolia.com

Página 143: © svl861 - Fotolia.com